Obedience für Einsteiger

Obedience für Einsteiger

VON Birgit Laser

DANKSAGUNG

Viele Menschen und viele Hunde haben dazu beigetragen, dass dieses Buch zustande gekommen ist. Es ist nicht möglich, sie alle namentlich zu nennen. Von meinen Kursteilnehmern (zwei- wie vierbeinigen) lerne ich auf jedem Kurs wieder etwas dazu, hierfür gebührt ihnen allen mein Dank.

Besonders danken möchte ich Rolf C. Franck, ohne den ich Obedience vielleicht nie kennen gelernt hätte, Angela White, die mich ermuntert hat, eigene Kurse zu geben, und von der ich viel gelernt habe, meiner Lektorin Jutta Aurahs, die mir den entscheidenden Anstoß gegeben hat, mit dem Schreiben dieses Buches anzufangen, meinem Mann Torsten für die positive Verstärkung während der Durststrecke bis zur Fertigstellung und meiner Dusty vom Zippelbarg, die mir in vielerlei Hinsicht die Augen geöffnet hat.

Last but not least herzlichen Dank all meinen zwei- und vierbeinigen Fotomodellen!

Copyright © 1999 by Cadmos Verlag
2. Überarbeitete Auflage 2002
Gestaltung: Ravenstein + Partner
Fotos: Birgit Laser
Druck: Westermann Druck, Zwickau

ISBN 3-86127-705-0

Vorwort

LIEBE LESERIN, LIEBER LESER,
in dem vor Ihnen liegenden Buch möchte ich Ihnen die Hundesportart Obedience ein wenig näher bringen.

Obwohl Obedience eigentlich nichts weiter als Gehorsam heißt, kann an diesem Sport auch der Zweifler erkennen, dass sich ernsthafter Hundesport sehr wohl mit Hundeausbildung ohne Zwang vereinbaren lässt.

Wer schon einmal einen gut ausgebildeten Obediencehund gesehen hat, weiß, was ich meine ... Hundeausbildung ohne Zwang bedeutet, dass der Hund keine Übung gegen seinen Willen tut, sondern dass er alles, was von ihm verlangt wird, auch selbst tun **will**. Zwang ausüben kann jeder. Werkzeuge dazu gibt es in Hülle und Fülle zu kaufen.

Jedoch den Teamgeist im Hund zu wekken, ihn dazu zu bewegen, mitmachen zu **wollen**, ist die wahre Kunst der Hundeausbildung und glücklicherweise nirgends käuflich zu erwerben!

Zum neuen Weg gehört eine neue Sprache. Deshalb werden Ihnen in diesem Buch einige Ausdrücke begegnen, die etwas ungewohnt klingen. Ein typisches Beispiel dafür ist „Signalwort". Ich habe sehr bewusst gerade diese Bezeichnung gewählt. Das Wort „Kommando" spiegelt nach meiner Ansicht eine Einstellung zur Hundeausbildung wider, die ich nicht teile.

Kommandieren klingt eher danach, jemandem einen Befehl zu erteilen, den er zu befolgen hat (ob er will oder nicht). Wenn ich stattdessen ein Signal gebe, erhält mein Gegenüber die Möglichkeit, freiwillig eine Handlung auszuführen.

Zwar finden Sie in diesem Buch für jede Obedience-Lektion einen Ausbildungsweg beschrieben, er kann aber immer nur ein Vorschlag sein, wie man es machen **kann**. Dieses Buch ist keine Gebrauchsanweisung! Besonders wenn Sie zu der stetig wachsenden Zahl der „Clicker-Begeisterten" gehören, werden Sie an viele Lektionen vielleicht anders herangehen als hier beschrieben. Ich habe versucht, dies Buch so zu gestalten, dass möglichst viele Hundefreunde einen Nutzen daraus ziehen können.

Was ist Obedience?

Obedience (sprich: „O-bi-di-enß") ist eine Hundesportart. Das Wort kommt aus dem Englischen und heißt nichts weiter als „Gehorsam". Und tatsächlich besteht diese Sportart überwiegend aus bekannten Gehorsamsübungen, wie Bei-Fuß-Gehen, Apportieren, Vorausschicken, Abrufen, Bleib-Übungen und Sitz, Platz und Steh aus der Bewegung.

Es gehören aber auch Übungen dazu, die hierzulande außerhalb von Obedience nicht in hundesportlichen Prüfungen vorkommen, zum Beispiel Distanzkontrolle, bei der der Hund in großem Abstand zu seinem Besitzer eine Reihe von Positionswechseln (Platz, Sitz, Steh) ausführen muss, ohne sich dabei von der Stelle zu bewegen, oder Geruchsunterscheidung, bei der es darum geht, dass unter mehreren gleich aussehenden Gegenständen vom Hund derjenige herausgesucht und apportiert werden soll, der den Geruch seines Besitzers trägt.

Was ist anders am Obedience?
Außer den schon erwähnten „neuen" Übungen fällt dem Betrachter vor allem ein Aspekt ins Auge: Beim Obedience wird nicht stur nach „Schema F" ein auswendig gelernter Ablauf bestimmter Schrittfolgen und Richtungswechsel abgespult. Der

Während der Übungen „Leinenführigkeit" und „Freifolge" ist der Richter oder Ringsteward dem Hundeführer immer auf den Fersen.

Richter bestimmt den Ablauf jedes Mal wieder neu. Das bedeutet, dass der Hundeführer alles nur auf Anweisung des Richters tut – jede Wendung, jeder Tempowechsel, jedes Anhalten oder Losgehen werden angesagt.

Der Vorteil liegt auf der Hand: Viele Hundesportler kennen sicher das Phänomen, dass prüfungserfahrene Hunde in manchen Übungen nicht mehr so sehr auf die Anweisungen ihres Hundeführers achten, sondern diesen oft vorgreifen, da sie ohnehin schon wissen, was als Nächstes verlangt wird. Das ist zwar aus Sicht der

Handzeichen sind im Obedience erlaubt.

Richter fehlerhaft, aber eigentlich nur allzu verständlich. Auf der anderen Seite
werden so ausgebildete Hunde manchmal
schon verwirrt, wenn sich der gewohnte
Ablauf einmal ändert, und zögern dann.

Beim Obedience dagegen gestalten sich
die Prüfungen für Mensch und Hund viel
abwechslungsreicher und der Hund muss
sich zwangsläufig auf seinen Menschen
konzentrieren, um zu erfahren, was er als
Nächstes tun soll.

Als Beispiel hierfür der Ablauf des
Apportierens: Der Hund befindet sich in
der Grundstellung. Der Richter gibt dem
Hundeführer die Anweisung, den Apportiergegenstand zu werfen.

Dann – auf Anweisung des Richters –
wird der Hund hinterhergeschickt, um den
Gegenstand zu apportieren. Beim Hundeführer angekommen, sitzt der Hund mit
dem Gegenstand vor. Der Hundeführer
muss auf weitere Anweisung des Richters
warten, bis er den Gegenstand nehmen
darf. Der Hund sitzt immer noch vor.
Dann, wiederum auf Anweisung des Richters, wird der Hund in die Grundstellung
genommen. Hier wird deutlich:

Hundeführer, die mit ihren Hunden alle
Übungen immer nach demselben, wieder-
kehrenden Muster ausgeführt haben, müssen gewaltig umdenken.

Ein weiterer großer Unterschied zwischen Obedience und beispielsweise der

Begleithundeprüfung ist die Vielzahl von unterschiedlichen Klassen, in denen man antreten kann. Von der reinen Anfänger-klasse bis hin zur Meisterschaft gibt es zahlreiche Schwierigkeitsstufen, sodass weder Neulinge durch allzu starke Kon-kurrenz gleich entmutigt werden noch Könner auf ihrem Gebiet durch zu niedri-ge Anforderungen in der Prüfung die Lust verlieren. Wer möchte, kann sich sogar die Teilnahme an der Obedience-Weltmeister-schaft (FCI) zum Ziel setzen.

FÜR WEN IST OBEDIENCE GEEIGNET?

Beim Obedience geht es in erster Linie um Präzision. Perfektes Bei-Fuß-Gehen, akku-rates Apportieren oder gerades Vorsitzen erfordern vor allen Dingen eine Menge Übung. Auf Sportlichkeit kommt es nicht so sehr an – eine gute Möglichkeit also, auch mit Hunden, die durch ihre Rasse, Körpergröße oder Gesundheit für andere Sportarten nicht infrage kommen, erfolg-reich an Prüfungen teilzunehmen.

Obedience kann man also wirklich bedenkenlos jedem empfehlen, der daran interessiert ist, mit seinem Hund zusam-men eine vielseitige, interessante Sportart zu erlernen.

Eine Menge Beschäftigungsmöglich-keiten – auch im Alltag – eröffnen sich da-durch, und auch ehrgeizige Hundesportler, die sich gern im Wettkampf mit anderen Teams messen, finden hier Aufgaben für viele Jahre.

Ob alt, ob jung, kleiner oder großer Hund – Obedience ist ein Sport für jedermann.

DIE GESCHICHTE DIESES SPORTS

Wie Agility hat Obedience seinen Ursprung in Großbritannien, wo es bereits vor 1925 entstand. In der ersten Zeit waren die Obedience-Prüfungen allerdings nur ein Bestandteil der „Working Trials", einer Art Vielseitigkeitsprüfung für Hunde. Diese Working Trials, die sich auch heute noch großer Beliebtheit erfreuen, wurden im Jahr 1919 vom britischen Zuchtverein für Deutsche Schäferhunde eingeführt.

Einige Jahre später gab es auf solchen Working Trials bereits die Möglichkeit, in einer reinen Obedience-Klasse anzutreten. Als Sport „entdeckt" wurde Obedience erst nach dem Zweiten Weltkrieg. 1951 wurde auf der wohl berühmtesten aller Hundeausstellungen, der britischen „Crufts", erstmals Obedience von einigen Hundeführern vorgestellt.

Im selben Jahr wurde vom Kennel Club auch ein Reglement eingeführt, das bereits die Möglichkeit eröffnete, einen Meistertitel – „Obedience Champion" – zu erlangen (dieser Titel gehört natürlich dem Hund, nicht dem Hundeführer, und wird auch in die Papiere eingetragen und dem Namen des Hundes vorangestellt).

Im Jahre 1955 wurden – wieder im Rahmen der Crufts – die ersten Meisterschaften ausgetragen, die „Crufts Obedience Championships". Seitdem sind sie zur festen Tradition geworden und viele britische Hundeführer träumen davon, sich einmal im Leben für diese Meisterschaft zu qualifizieren.

In weiten Teilen Westeuropas gehört Obedience fest zum Hundesportalltag, in seinem Ursprungsland England und den USA erfreut es sich ausgesprochener Beliebtheit.

In Deutschland wurde im Jahr 2001 eine vorläufige, im Sommer 2002 dann eine etwas überarbeitete, nun gültige Prüfungsordnung erarbeitet, so dass nun auch hierzulande interessierte Hundesportler die Möglichkeit haben, Prüfungen abzulegen.

Zwar ist durch die FCI eine oberste Klasse schon verbindlich für alle Teilnehmer festgelegt (die Obedience-Weltmeisterschaften der FCI werden nach diesen Regeln ausgetragen), doch für die nach Schwierigkeitsgraden abgestuften Prüfungen unterhalb dieser FCI-Klasse gelten unterschiedliche Regeln, die im jeweiligen Land festgelegt werden. So unterscheidet sich etwa eine deutsche „Stufe-2-Prüfung" durchaus von einer „Stufe-2-Prüfung" in Holland oder Dänemark.

Die Ausbildung

WELCHE VORAUSSETZUNGEN MUSS DER MENSCH MITBRINGEN?

„GEDULD IST EINE TUGEND"

Gleich vorweg: Für Ungeduldige ist Obedience sicher nicht gut geeignet – der Zeitaufwand, um gute Ergebnisse zu erzielen, ist relativ hoch (am ehesten vergleichbar vielleicht mit dem Dressurreiten im Pferdesport). Ungeduld führt leicht zu unbeherrschten Reaktionen und meist ist dann das Gegenüber der Leidtragende – in diesem Falle also der Hund.

Andersherum betrachtet kann aber Hundehaltung und/oder Hundesport auch eine gute „Charakterschule" für Menschen sein, die gern ihre eigene Ungeduld in den Griff bekommen wollen.

Wenn man eine faire Einstellung dem Hund gegenüber hat und ihn nicht unter den eigenen Launen leiden lassen möchte, wird man zwangsläufig seine eigenen Reaktionen kritisch betrachten und manchmal ändern.

WIE STEHT ES MIT DEM EHRGEIZ?

Ehrgeiz ist – innerhalb bestimmter Grenzen – sicher nicht als etwas Negatives anzusehen. Ein gesunder Ehrgeiz spornt an, man hat ein Ziel vor Augen, auf das man hinarbeiten möchte; einen Weg, den man gehen kann und möchte; auch dieser Weg selbst macht Spaß.

Übertriebener Ehrgeiz hingegen verleitet schnell dazu, allzu große Schritte bei der Ausbildung machen zu wollen. Das Ziel allein zählt, der Weg dorthin wird eher als lästig empfunden und man sucht nach Abkürzungen, um schneller ans Ziel zu gelangen. Dies kann nur zulasten des Hundes gehen. Er bekommt nicht mehr genügend Zeit, um die einzelnen Ausbildungsschritte gründlich zu lernen, Fehler schleichen sich ein. Oft wird dann mit Zwang nachgeholfen, wenn der Hund nicht so schnell lernt, wie man es gern möchte, oder wenn er Fehler macht. In diesem Falle sollte man sich die Frage stellen, ob man nicht lieber allein Sport treiben möchte ...

FITNESS IST NEBENSACHE

Anders als beim Turnierhundesport oder im Agility ist beim Obedience die körperliche Fitness von untergeordneter Bedeutung. Wer nicht so schnell laufen kann, hat hier durchaus eine Chance auf die vorderen Plätze und auch Rollstuhlfahrer können mit ihren Hunden Obedience betreiben!

WELCHE VORAUSSETZUNGEN MUSS DER HUND MITBRINGEN?

Im Obedience liegt der Schwerpunkt auf dem perfekten Zusammenspiel zwischen Mensch und Hund. Dabei spielt es keine Rolle, ob der Hund groß oder klein ist, lange oder kurze Beine hat. Die größte sportliche Leistung, die in einigen Prüfungen verlangt wird, ist das Apportieren über eine Hürde, die in der Regel der Schulterhöhe des Hundes angepasst ist.

Sicher macht es vieles einfacher, wenn ein Hund vom Naturell her „kooperativ veranlagt" ist, wie es etwa bei vielen Hütehunden der Fall ist. Allerdings sind solche Hunde im täglichen Zusammenleben auch recht anspruchsvoll: Als „Workaholics" ist Beschäftigung, Teamarbeit mit ihrem Menschen für sie quasi ein Lebenselexier – fehlt dieses, sind oftmals schwer wiegende Verhaltensstörungen die Folge. Deshalb gilt für die Auswahl des „Obedience-Hundes" eigentlich dasselbe wie für die Auswahl eines Familienhundes:

Wählen Sie den Hund aus, der Ihnen vom Typ her zusagt. Berücksichtigen Sie dabei nicht nur das Aussehen, sondern vor allem auch solche Kriterien wie Temperament, Krankheitsanfälligkeit und Wesen. Literatur hierüber gibt es reichlich.

Den Obedience-Hund gibt es ohnehin nicht, und auch wenn man zum Beispiel in Großbritannien in den oberen Klassen kaum noch andere Rassen als Border Collie und Deutscher Schäferhund sieht, wäre es meiner Meinung nach sehr schade, diesen Trend auch in den deutschsprachigen Raum zu übernehmen.

Verstehen Sie mich bitte nicht falsch – Border Collie und Deutscher Schäferhund sind wunderbare Rassen – aber wenn man in den höheren Klassen nur noch diese Rassen sieht, lässt dies doch den Gedanken zu, dass diese Hunde vielleicht gar nicht so sehr um ihrer selbst willen angeschafft werden, sondern eher als eine Art „Sportgerät" – „Siegesgarantie im Preis enthalten"? Auch wenn einem auf Hundesportveranstaltungen manchmal Hunde einer Rasse besonders ins Auge fallen und vielleicht der Wunsch entsteht, selbst einen solchen Hund zu besitzen, sollte man nicht vergessen: Man sieht auf einer solchen Veranstaltung immer nur das Ergebnis einer oft jahrelangen Ausbil-

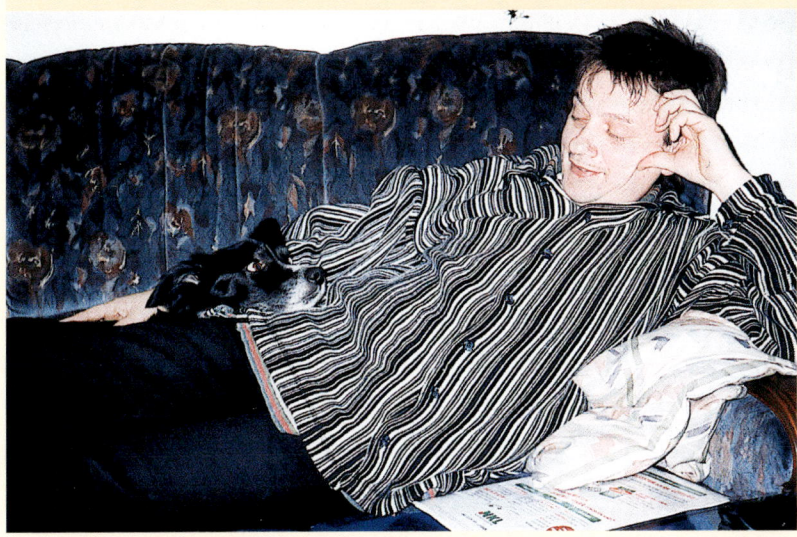

*Das Leben
besteht nicht
nur aus
Hundesport ...*

dung; kein noch so talentierter Hund wird ohne eine entsprechende Ausbildung gute Leistungen vollbringen.

Zur Ausbildung eines Hundes gehören aber immer zwei – Hund und Mensch! Denken Sie also gut darüber nach, wie Sie sich Ihre Freizeit in den nächsten zehn bis 15 Jahren vorstellen. Wenn es ein „Arbeitshund" sein soll: sind Sie wirklich bereit (und kreativ genug), quasi jede freie Minute mit Ihrem Hund zu verbringen und ihm ständig neue, abwechslungsreiche Aufgaben zu stellen? Oder möchten Sie vielleicht lieber einen Hund, der sich gut in die Familie einfügt, gern alle Unternehmungen mitmacht, aber keine solch extremen Anforderungen an seine Besitzer stellt und auch mit weniger Beschäftigung zufrieden ist?

Berücksichtigen Sie auch Ihr eigenes Naturell: Sind Sie eher ein lauter Typ oder bevorzugen Sie die leisen Töne? Sind Sie eher ein Draufgängertyp oder eher sensibel? Lieben Sie es, wenn alles seinen gewohnten Gang geht, oder macht es

Ihnen besonderen Spaß, ständig vor neue Herausforderungen gestellt zu werden? Es gibt sehr viele Punkte zu bedenken. Alles an dieser Stelle anzuführen, würde den Rahmen des Buches sprengen.

Informieren Sie sich bei Züchtern und anderen Hundebesitzern. Fragen Sie viele Leute, die einen Hund der von Ihnen in die engere Wahl genommenen Rasse besitzen. In den Augen eines Züchters ist die eigene Rasse meist die beste: Vorsicht vor einseitiger Beratung! Wenn ein Züchter Ihnen nur von den Vorteilen der Rasse berichtet und auch auf Nachfrage keine Einschränkungen macht, sollten Sie wachsam sein. Was für den Züchter ideal erscheint, mag für Sie weniger passen.

Es gibt Hunde, die sich durch ihr ausgeglichenes Wesen auch gut für die meisten Anfänger eignen. Achten Sie darauf, was die ursprüngliche Bestimmung „Ihrer" Rasse war: Diese Eigenschaften werden entsprechend ausgeprägt sein.

Wind- und viele Jagdhunde werden meist dazu neigen, Wild zu verfolgen, wenn sie

Aufgenommen auf einem Obedience-Kurs: entspanntes Ruhen, während ringsherum andere in Aktion sind. Keinesfalls eine Selbstverständlichkeit – auch das muss gelernt werden!

die Gelegenheit bekommen. Eine sehr sorgfältige Ausbildung ist vonnöten, um solche Hunde unter Kontrolle zu halten – nichts für Anfänger! Hunde, deren Aufgabe es war, die Rattenplage auf den Bauernhöfen im Zaum zu halten, bringen meist eine entsprechende Schärfe mit und sind recht „hart im Nehmen". Auch mit ihnen sind Hundeanfänger leicht überfordert.

Überlegen Sie auch, welches Temperament Sie selbst haben. Sportliche, lebhafte Menschen erwarten meist auch von ihren Hunden, dass sie einen entsprechenden Bewegungsdrang haben. Gehören Sie eher zu den gemütlichen Vertretern, wählen Sie kein Energiebündel von Hund.

Bei Rassehunden kennt man schon in etwa die Veranlagung und die zu erwar-

tende Körpergröße des Hundes.

Schwieriger ist es, wenn Sie keinen Rassehund, sondern einen Mischling wählen. Wissen Sie über die Vorfahren Bescheid, gilt das oben Gesagte. Sind aber die Vorfahren unbekannt, ist es manchmal Glückssache, den passenden Hund zu finden.

Dass alle Mischlinge gesünder, robuster oder klüger sind als Rassehunde, ist ein Vorurteil. Mischlinge sind selten das Ergebnis einer gezielten Zuchtauslese.

Dass aber bestimmte Krankheiten bei ihnen nicht so häufig dokumentiert sind wie bei Rassehunden, bedeutet nicht, dass sie nicht vorkommen!

Menschen wie Hunde sind verschieden und es passt nun einmal nicht ein und derselbe Typ Hund zu jedem Menschen! Sollten Sie gerade vor der Wahl stehen: Bitte überlegen Sie es sich sehr genau, welcher Hund zu Ihrem Leben passt. Dieses besteht nämlich nicht nur aus Hundesport, sondern überwiegend aus ganz normalem Alltag, und da hinein muss Ihr Hund vor allen Dingen passen! Kaufen Sie keinen Hund für den Sport, sondern machen Sie Sport mit Ihrem und für Ihren Hund!

Hier ein paar Punkte, die Sie bei der Auswahl eines Hundes berücksichtigen sollten:

- *Körpergröße und Kraft (Können Sie im Ernstfall den Hund kräftemäßig unter Kontrolle behalten? Fällt Ihnen tiefes Herunterbücken schwer?)*

- *Temperament und Bewegungsdrang*

- *Naturell (eher sanft oder eher Draufgänger?)*

- *Pflegeaufwand (Haben Sie über Jahre hin Lust zu regelmäßiger intensiver Fellpflege? Sind Sie gegebenenfalls bereit, alle vier Wochen die Kosten für einen Hundefrisör aufzubringen?)*

- *Erbkrankheiten (Es gibt zum Beispiel Rassen, bei denen 15 Prozent aller Welpen taub geboren werden.)*

- *„Ruf" der Rasse (Haben Sie ein dickes Fell, um zum Beispiel regelmäßigen Anfeindungen anderer Hundebesitzer standzuhalten? Finden Sie trotzdem genügend Artgenossen, mit denen Ihr Hund spielen kann?)*

DIE „ROLLENVERTEILUNG" IM TEAM MENSCH-HUND

Damit ist nicht etwa die Pflichtenverteilung in der Familie gemeint, sondern die Rolle, die Rolle, die Ihr Hund darin spielt. Egal wie Sie Ihr Zusammenleben gestalten, eines sollte immer gelten: Sie bestimmen die Spielregeln.

Wie genau diese aussehen, können Sie – wie auch Ihr restliches Privatleben – natürlich selbst entscheiden. Es fällt aber Ihrem vierbeinigen Gefährten leichter, sich in die für ihn doch eher „fremdartige" menschliche Lebensweise einzufügen, wenn Sie ein paar Punkte beachten. Ganz besonders wichtig ist dabei, konsequent zu sein. Das hat nichts mit körperlicher Härte oder Lautstärke beim Sprechen mit dem Hund zu tun, sondern bedeutet, dass Sie sich an die von Ihnen selbst aufgestellten Regeln auch immer halten sollten. Wenn Sie sich das Zusammenleben mit dem Hund als eine Art „Tauschhandel" vorstellen, wird wahrscheinlich verständlich, worauf man achten sollte. Natürlich will der Hund (wie auch wir durchaus auf seinen eigenen Vorteil bedacht) hin und wieder etwas – als Beispiel nehmen wir einmal an, er möchte nach draußen und einen Spaziergang machen. Wenn er dieses Ziel durch ein Verhalten erreicht, das uns nicht gefällt (zum Beispiel dauerhaftes Winseln), ist der Vorteil nur einseitig (nämlich beim Hund) – kein „Tauschhandel" kommt zustande. Wenn wir ihm aber zu verstehen geben, dass er zwar von uns etwas bekommt, was er will, aber wir dafür eine Gegenleistung verlangen, ist die

Bilanz ausgeglichen. Das Ergebnis wäre also beispielsweise: Okay, du bekommst deinen Spaziergang – wenn du dafür auch etwas für mich tust (zum Beispiel: eine gewisse Zeit lang ruhig auf deinem Platz liegen bleibst). Natürlich können wir dem Hund unsere Wünsche nicht einfach verbal vermitteln, sondern müssen ihm durch unsere Reaktionen auf sein Verhalten den Weg zeigen.

Was hat aber nun dieses Rollenspiel mit Obedience-Ausbildung zu tun? Ganz einfach: Hunde denken nicht in Schubladen – für sie gibt es nicht den Unterschied zwischen „jetzt entspannen wir uns", „jetzt wollen wir für körperliche Bewegung sorgen" oder „jetzt wird etwas gelernt".

Hunde lernen **immer**, egal, ob wir uns dessen bewusst sind oder nicht. Daher müssen wir dafür sorgen, dass unser Hund ein beständiges Bild von uns bekommt. Wenn wir unserem Hund zu Hause erlauben, zu tun und zu lassen, was er will, dann aber auf dem Übungsplatz unter den gestrengen Augen eines Übungsleiters plötzlich „ganz andere Saiten aufziehen", versteht unser Hund die Welt nicht mehr. Wieso sind wir jetzt auf einmal so anders?

Deshalb ist es so wichtig, dass wir für unseren Hund immer dieselbe Person bleiben, auf die er sich in jeder Situation verlassen kann!

Wenn wir dies beachten, unterstützen sich die Dinge gegenseitig: Kennt unser Hund schon aus dem Alltag das System des „Tauschhandels", wird es ihm auch in der Ausbildung nicht schwer fallen, dies umzusetzen. Umgekehrt profitieren auch

wir als Hundehalter davon, das Prinzip des Bestärkens erwünschten Verhaltens nicht nur für Obedienceübungen, sondern auch für die Erziehung zum angenehmen Familienhund zu nutzen.

POSITIVE VERSTÄRKUNG – AUSBILDUNG OHNE ZWANG

Durch verschiedene Publikationen ist hierzulande das Gerücht entstanden, bei Obedience handle es sich um eine positive Ausbildungsmethode. Das stimmt nicht. Selbstverständlich kann man auch im Obedience, wie in allen anderen Bereichen des Zusammenlebens mit dem Hund, auf überholte Hau-ruck-Methoden zurückgreifen, wenn man dies tun möchte.

Zum Zeitpunkt, an dem ich dieses Buch schreibe, ist man aber schon etwas weitergekommen in der Erforschung des Lernverhaltens. Einen Meilenstein in dieser Hinsicht hat B. F. Skinner mit seiner Forschungsarbeit gesetzt und viele bekannte Persönlichkeiten in der Welt der Tierausbilder sind von seinen Erkenntnissen beeinflusst. Karen Pryor, sozusagen die Begründerin des „Clickertrainings", entwickelte diese Methode anhand theoretischer Grundlagen Skinners.

Wenn man über positive Ausbildungsmethoden berichtet, findet eigentlich die Mehrheit der Hundehalter Gefallen daran. Die meisten kommen in der Praxis aber irgendwann einmal an einen Punkt, an dem sie sich ohne Zwang nicht mehr zu helfen wissen.

Wohlfühlen ausdrücklich erlaubt! In einer stressfreien Umgebung lernt es sich viel leichter.

Um an dieser Stelle keine Missverständnisse heraufzubeschwören, möchte ich kurz die Definition von „Zwang" aus einem allgemeinen Lexikon wiedergeben. Dort heißt es: „Zwang = Veranlassung eines Verhaltens, das nicht dem freien Willen entspricht, durch Gewaltanwendung, Drohung oder psychische Nötigung".

Streng genommen entspricht es also der Definition von Zwang, wenn wir etwa einen Hund ins „Platz" hinunterdrücken. Er legt sich nämlich nicht freiwillig hin, sondern wird durch unsere Einwirkung dazu gezwungen.

In jeder Sparte des Hundesports wünscht man sich aber ein „freudiges, aktives Arbeiten" des Hundes. Meiner Meinung nach steht dies im krassen Widerspruch zu Ausbildungsmethoden, die auf Zwang beruhen. Wie kann man denn von jemandem, sei es Mensch oder Tier, den man zu etwas zwingt, ernsthaft erwarten, dass er dies mit Freude und Begeisterung tut? Spaß zu haben an einer Sache, das kann man glücklicherweise nicht erzwingen, und für den Betrachter ist zweifellos ein Unterschied zu erkennen zwischen einem Hund, der freudig (freiwillig!) mitmacht, und einem Hund, der das Verlangte nur ausführt, weil er dazu gezwungen wird. In einigen Ländern sehen die Prüfungsordnungen für Obedience gewisse Punktzahlen für die harmonische Zusammenarbeit zwischen Hundeführer und Hund vor. Dadurch sollte gewährleistet sein, dass Ausbilder, die mit Zwang arbeiten, langfristig aussterben, denn diese Punkte werden sie niemals bekommen und somit auch nicht siegen können.

Ich hoffe, wir sind uns einig darin, dass wir unseren Hund nicht dazu zwingen wollen, etwas gegen seinen Willen zu tun. Wie aber können wir erreichen, dass unser Hund nun nicht völlig unkontrolliert das tut, was er will, sondern das, was **wir** wollen? Heißt Verzicht auf Zwang nicht gleichzeitig Verzicht auf Kontrolle? Nicht, wenn wir es richtig anfangen! Die Kunst der Ausbildung liegt nämlich darin, es zu schaffen, dass der Hund genau das tun will, was auch wir wollen. Das ist durchaus keine Utopie – die Verhaltensforschung liefert uns mit ihren Erkenntnissen genau das Rüstzeug, das wir dazu benötigen.

Ohne etwas Theorie kommen wir dabei allerdings nicht aus, und wenn Sie in der Lage sein wollen, Ausbildungsmethoden kritisch zu betrachten oder selbst zu entwickeln, sollten Sie den folgenden Abschnitt gründlich durcharbeiten. Wiederholen Sie ihn von Zeit zu Zeit, und bald werden Sie feststellen, dass Sie ein klareres Verständnis für bestimmte Zusammenhänge bekommen.

Der wichtigste „Kernsatz" lautet: Verhalten wird von seinen Konsequenzen gesteuert. Die Konsequenz auf ein Verhalten hat Einfluss darauf, ob ein Verhalten in Zukunft wiederholt wird oder eher nicht. Daraus folgt, dass wir in der Lage sind, Verhalten zu beeinflussen, wenn wir Einfluss auf die Konsequenzen haben. Umgekehrt können wir ein Verhalten nicht kontrollieren, wenn wir keinen Einfluss auf seine Konsequenzen haben. Die Wissenschaftler unterscheiden zwei Typen von Konsequenzen, die Verhalten beeinflussen: verstärkende und bestrafende.

Verstärkende Konsequenzen sorgen dafür, dass Häufigkeit, Dauer und Intensität eines Verhaltens gesteigert werden.

Man unterscheidet zwischen positiver und negativer Verstärkung.

Bei der **positiven Verstärkung** kommt etwas hinzu, was der Hund als Belohnung auffasst (zum Beispiel ein Belohnungshappen). Bei der negativen Verstärkung hingegen fällt etwas weg, was der Hund als unangenehm empfindet (zum Beispiel ein Zug am Halsband). Beide Konsequenzen haben eine Änderung des zukünftigen Verhaltens zur Folge (anderenfalls wären es keine Verstärker); das Verhalten wird in Zukunft häufiger, länger und intensiver auftreten.

Bestrafende Konsequenzen mindern ein Verhalten dagegen. Auch hier unterscheidet man zwischen **positiver** und **negativer** Bestrafung: Bei der **positiven Bestrafung** wird etwas hinzugefügt, das der Hund nicht mag (zum Beispiel ein Leinenruck); bei der **negativen Bestrafung** dagegen wird etwas weggenommen, was der Hund mag (zum Beispiel sein Spielzeug oder unsere Zuwendung).

ZU RISIKEN UND NEBENWIRKUNGEN FRAGEN SIE ...

... Ihren Hund? Nein, im Ernst: Fragen wir einmal nach, was uns die Wissenschaftler zu diesem Thema sagen. Es gibt nämlich tatsächlich Nebenwirkungen, und zwar nicht zu knapp. Glücklicherweise können wir dafür sorgen, dass uns und unserem Hund die schädlichen Nebenwirkungen erspart bleiben, wenn wir diese erst einmal entlarvt haben.

Was ist nun überhaupt gemeint mit Nebenwirkungen? Nun, wenn alles so einfach wäre wie oben beschrieben, wäre es kein Problem, dafür zu sorgen, dass unser Hund nur das tut, was wir wollen.

Täte er etwas Unerwünschtes, würden wir einfach für eine unangenehme Konsequenz sorgen, und das Problem wäre damit aus der Welt – wie es viele Bücher über Hundeerziehung übrigens empfehlen. Leider gibt es da eine kleine Komplikation: Konsequenzen, egal welcher Art, werden von unserem Hund nicht nur mit seinem Verhalten verknüpft, sondern auch mit den äußeren Einflüssen zu diesem Zeitpunkt.

Das heißt, alles, was der Hund in dem Moment riecht, sieht, hört, sich nähernde Personen oder Tiere und so weiter, wird vom Hund in die Situation mit einbezogen und kann künftig entsprechendes Verhalten auslösen.

Besonders dramatisch ist dies im Fall der positiven Bestrafung: Nicht nur das bestrafte Verhalten wird mit der Strafe verknüpft, sondern unter anderem auch die ausführende Person oder eine andere Person oder ein Tier, das zufällig in der Nähe ist, während die Strafe erfolgt.

Das kann vielerlei unerwünschte Nebenwirkungen haben: Beispielsweise könnte unser Hund lernen, dass ein bestimmtes Verhalten immer bestraft wird, wenn wir in der Nähe sind. So können wir ihm durch positive Strafe prima abgewöhnen, Löcher im Garten zu buddeln – solange wir dabei sind ... Das heißt noch lange nicht, dass er nicht buddelt, wenn wir nicht da sind! Noch schlimmer: Unser Hund könnte lernen, dass unsere Gegenwart unangenehm ist. Wenn Strafe mit der Person, die sie ausführt, verknüpft wird, führt dies leicht zu Aggression gegen diese Person bei gleichzeitigem Verlust von Vertrauen in diese Person.

Eine weitere unangenehme Nebenwirkung von Strafe ist, dass sie nicht nur das Verhalten beeinflusst, das sie unterdrücken soll, sondern auch eine ganze Menge drumherum. Es ist, als ob man eine Bombe wirft – der Hund ist emotional nicht in der Lage, **irgend**etwas zu tun; sein gesamtes Verhaltensrepertoire wird von dieser Bombe mit getroffen. Erlernte Hilflosigkeit ist oft die Folge – genau das Gegenteil von dem freudig, aktiv mitmachenden Hund, den wir uns wünschen.

Noch dazu kommt, dass wir mit der Anwendung von Strafe in einen Teufelskreis geraten: Strafe muss immer stärker werden, um wirksam zu bleiben, weil allmählich eine Abstumpfung einsetzt. Ist dann noch das Timing falsch, das heißt, die Strafe kommt zu spät, kann sie vom Hund nicht mehr mit seinem Verhalten verknüpft werden. Damit ist sie nicht einmal mehr eine Strafe, sondern nur noch bloße Tierquälerei.

Nun aber zu den erwünschten Nebenwirkungen der positiven Verstärkung: Dadurch, dass nicht nur das Verhalten selbst mit den Konsequenzen in Verbindung gebracht wird, wird der Hund alles, was in dieser Situation sonst noch zugegen war, ebenfalls als positiv empfinden.

So wird er den Ort mögen, an dem er belohnt wurde, die Leine, die er zum Zeitpunkt der Belohnung trug, die Person, von der die Belohnung kam und die Ausbildung an sich. Die Beziehung zwischen Mensch und Hund wird verbessert; der Hund liebt die Ausbildung.

Wenn bei der positiven Verstärkung einmal unser Timing nicht stimmt, kann unser Hund die Belohnung zwar auch nicht mit seinem Verhalten verknüpfen, aber diese Verlangsamung der Ausbildung ist auch das Schlimmste, was dabei passieren kann. Ein weiterer Pluspunkt für die positive Verstärkung ist, dass sie allmählich immer weiter abgebaut werden kann, ja, sogar abgebaut werden muss, um wirksam zu bleiben. Außerdem kann sie beim Hund niemals zu Aggression führen.

Ich hoffe, ich habe Sie überzeugt und die positive Verstärkung wird für Sie zum Mittel der Wahl. Wenn Sie Erfolg damit haben wollen, sollten Sie vorwiegend an sich selbst arbeiten:

• Lernen Sie, häufig zu verstärken. Warten Sie nicht auf Fehler, sondern helfen Sie Ihrem Hund, etwas richtig zu machen, damit Sie ihn belohnen können.

Planen Sie die Situationen entsprechend, um es dem Hund zu erleichtern, Erfolg zu haben. Stört es Sie, dass Ihr Hund immer anfängt zu bellen, wenn er länger still liegen soll?

Dann warten Sie nicht darauf, dass er anfängt zu bellen, also einen Fehler macht, sondern belohnen Sie ihn, so lange er noch still ist.

Ignorieren Sie ihn, wenn er bellt, aber versuchen Sie, beim nächsten Mal, nicht so langes Liegen zu verlangen, sondern beenden Sie die Übung, solange der Hund noch alles richtig macht.

Beobachten Sie Ihren Hund und schärfen Sie Ihren Blick dafür, was er gut macht.

Denken Sie daran: Die Konsequenz bestimmt das Verhalten. Bekommt Ihr Hund Zuwendung, wenn er bellt (auch Anschreien kann für ihn Zuwendung sein), dann wird er auch in Zukunft bellen, um Beachtung zu finden.

Geben Sie Ihrem Hund aber Zuwendung, während er still daliegt, wird er bald lernen, dass das Stillliegen der Teil ist, der belohnt wird, und bald keinen Grund mehr haben zu bellen. Das unerwünschte Verhalten wird ignoriert und stirbt allmählich aus.

• Trainieren Sie gutes Timing: Der Zeitabstand zwischen Verhalten und Konsequenz sollte maximal 1/4 bis 1/2 Sekunde betragen.

• Werden Sie niemals eintönig, sondern überraschen Sie immer wieder Ihren Hund mit der Zeitfolge und Größe der Belohnung, variieren Sie die Lektionen und gestalten Sie die Übungszeiten interessant und halten Sie sie kurz.
• Lernen Sie den Gebrauch eines indirekten Verstärkers. Ein Beispiel hierfür ist der **Clicker**.

Das so genannte Clickertraining setzt sich in den letzten Jahren immer mehr durch. Hier wird die bekannte Methode, erwünschtes Verhalten zu bestärken, noch präzisiert, indem man mit Hilfe eines indirekten Verstärkers ganz genau den Zeitpunkt des erwünschten Verhaltens markiert, was sonst besonders bei bestimmten Übungen nur schwer oder gar nicht gelingt.

Zum besseren Verständnis der folgenden Erklärung möchte ich vorher ein paar Begriffe kurz definieren:

• In der Verhaltensforschung wird **Verstärker** als etwas definiert, das erstens einer Handlung folgt (eine Konsequenz also) und zweitens verursacht, dass diese Handlung in Zukunft häufiger auftritt. Beispiel: Wir drücke einen Schalter (Handlung), das Licht geht an (Konsequenz). Folge: In Zukunft werden wir die Handlung öfter wiederholen.

Man unterscheidet zwischen direkten und indirekten Verstärkern, positiver und negativer Verstärkung:

• Ein **direkter Verstärker** ist etwas, das direkt, durch seine Beschaffenheit, als Verstärker fungiert. Direkte Verstärker sind in der Regel mit den natürlichen Instinkten oder Trieben gekoppelt.
Beispiel: Futter. Alle Lebewesen müssen essen, daher wird Verhalten, das erfolgreich zum Erlangen von Nahrung führt, auch wiederholt.

• Ein **indirekter Verstärker** dagegen ist etwas, das ohne einen vorgeschalteten Lernprozess keine Bedeutung hat; die Funktion als Verstärker wird erst durch einen Konditionierungsprozess erreicht. Der indirekte Verstärker wird daher auch **konditionierter Verstärker** genannt.

• Auf „Click & Treat" übertragen heißt das: Das „Klick-Klack" eines Knackfrosches hat normalerweise keinerlei Bedeutung für einen Hund.

Hat der Hund aber gelernt, dass jedes Mal, wenn das „Klick-Klack" ertönt, gleich danach Futter/Spielzeug (= direkter Verstärker) folgt, wird der Clicker zum Ausbildungswerkzeug, den wir in Zukunft einsetzen können, wenn der Hund etwas tut, was wir verstärken möchten.

• **Shaping**: Shaping (zu Deutsch: Formen) bedeutet, dass wir ein Endziel in ganz kleinen Schritten erreichen. Das Verhalten wird sozusagen Schritt für Schritt „aufgebaut".

• Das Prinzip der **variablen Belohnung** oder **„Zufallsbelohnung"**. Was ist das nun wieder?! Stellen wir uns einmal vor, dass wir mit unserem Hund eine Prüfung ablegen.

Dabei fällt eines ins Auge: Wir können weder direkte noch indirekte Verstärker besonders oft benutzen, während einer Übung schon gar nicht, allenfalls nach deren Beendigung. Wozu also erst Clicker und/oder Leckerli in der Ausbildung benutzen, wenn diese nachher in der Prüfung doch nicht erlaubt sind?

Ist eine Ausbildung mithilfe von Verstärkern überhaupt mit dieser späteren Prüfungspraxis zu vereinbaren? Die Antwort ist ein klares Ja!

Das Geheimnis ist, dass unser Hund niemals genau wissen darf, wann seine Belohnung kommt. In den Anfängen der Ausbildung kommt noch ziemlich oft eine Belohnung; so helfen wir dem Hund, die ganze Sache trotz der mit allem Neuen verbundenen Unsicherheit angenehm zu finden und seine Motivation zu erhalten. Später aber, wenn der Hund eine Übung beherrscht, ist es nicht mehr nötig, ja sogar eher kontraproduktiv, ihn jedes Mal zu belohnen.

Karen Pryor, die das Clickertraining populär gemacht hat, beschreibt es in einem ihrer Bücher so: Wenn man einem kleinen Kind das Fahrradfahren beibringt, wird man es anfangs ständig loben und alle paar Meter bewundern, wie toll es schon das Gleichgewicht hält, dass es jetzt schon mehrere Meter geradeaus fahren kann und Ähnliches. Niemand würde aber auf die Idee kommen, dasselbe Kind auch Jahre später für seine Radfahrkünste so zu bewundern und zu loben.

Zurück zu unserem Hund: Wenn wir niemals damit aufhören würden, eine Handlung des Hundes jedes Mal zu belohnen (zum Beispiel „Sitz"), wären wir zwar für den Hund so verlässlich wie ein wandelnder Futterautomat, aber auch genauso langweilig. Das ist aber das Letzte, was wir wollen: Für unseren Hund soll es nichts Interessanteres geben als uns!

Daher beginnen wir mit zunehmender Sicherheit des Hundes beim Ausführen einer Übung damit, nicht mehr jede Aktion, sondern nur noch bestimmte zu bestärken. Wurde beispielsweise anfangs noch jedes „Sitz" auf Hörzeichen bestärkt, so sind es allmählich nur noch die besonders guten Ausführungen, die sich lohnen – ein besonders schnelles Setzen etwa.

Dabei darf man nicht berechenbar sein, sondern sollte das Training variabel gestalten. Überraschen Sie Ihren Hund ruhig einmal damit, einen Übungsablauf mittendrin abzubrechen, wenn bis zu diesem Zeitpunkt alles besonders gut lief. So vermeiden Sie, dass der Hund sich bereits „ausrechnen" kann, dass die Belohnung ja sowieso erst am Ende der Übung kommt. Bleibt er dagegen im Ungewissen, wann genau er damit rechnen kann, wird er sich auch dementsprechend ausdauernder bemühen (und nicht erst zum Ende hin) – denn schließlich weiß man ja nie, ob sich nicht gerade eine saubere Ausführung des Mittelteils dieses Mal lohnt…

WIE FÜHRT MAN HÖR- ODER SICHTZEICHEN EIN?

Traditionell wurden Hunden die Kommandos meist beigebracht, indem man den Hund in das gewünschte Verhalten lockte, drückte oder zog und gleichzeitig das entsprechende Wort sagte.

Um beispielsweise das Kommando „Sitz" zu lehren, wurde dem Hund bei kurz gehaltener Leine das Hinterteil hinuntergedrückt, gleichzeitig ertönte das Wort „Sitz". Leider werden bei dieser Methode wichtige Dinge vernachlässigt. So wird der Hund mit dem Wort „Sitz" sehr wahrscheinlich nicht ausschließlich seine Handlung verknüpfen, sondern auch die Hand, die ihn hinunterdrückt. Erst nach vielen Wiederholungen kann sich für ihn herauskristallisieren, was das Wort bedeutet, das er ja ebenso wenig kennt wie die Handlung. Es ist für den Hund ein wenig wie eine Gleichung mit zwei Unbekannten: ziemlich kompliziert!

Naturgemäß reagieren Hunde auf Körpersprache viel leichter als auf das gesprochene Wort. Die erhobenen Arme reichen aus, um Dalmatiner-Hündin „Cookie" zum Hochspringen zu bewegen.

In der Regel genügt es, wenn man sich vor den Hund stellt und ihn auf sich aufmerksam macht. Dieses soll nun unsere erste Handlung auf Signal werden. Wir machen nun unseren Hund auf uns aufmerksam und warten ab, was er tut. Dabei beeinflussen wir ihn nicht: Alles ist erlaubt.

Setzt er sich, wird er belohnt, ansonsten beachten wir ihn nicht. Bald wird er wissen, was von ihm erwartet wird, und sich sofort hinsetzen, wenn wir ihn nur ansehen. Dieselbe Übung machen wir jetzt an möglichst vielen verschiedenen Orten, anfangs mit wenig, später auch mit stärkerer Ablenkung. Klappt es überall, ist es an der Zeit, unser Signal einzuführen. Das kann ein Wort sein, ein Pfiff oder ein Handzeichen. Für unser Beispiel nehmen wir das Wort „Sitz".

Sobald sich unser Hund beim nächsten Mal gerade setzen will, sagen wir das Wort. Setzt er sich, wie erwartet, kommt wieder unsere Belohnung.

Nach ein paar Wiederholungen wird der Hund anfangen, das Wort „Sitz" mit seiner Handlung zu verknüpfen. Auch dies wiederholen wir wieder an verschiedenen Orten.

Noch ist aber unser Signal nicht hundertprozentig sicher. Dazu gehört noch ein bisschen mehr: Man kann erst von einer Kontrolle des Verhaltens sprechen, wenn der Hund es auf das Signal **jedes Mal** ausführt, egal unter welchen Umständen und an welchem Ort. Er darf es auch nicht auf ein anderes Signal hin ausführen, zum Beispiel sich setzen, wenn wir „Platz" sagen. Und er darf es nicht ausfüh-

Wir können es uns und unserem Hund viel leichter machen, indem wir erst einmal die eine Unbekannte durch eine bekannte Größe ersetzen. Auf unser Beispiel angewandt heißt das, unser Hund soll erst einmal die Handlung kennen und möglichst fehlerfrei ausführen.

Um nun so wenig Fehlerquellen wie möglich offen zu lassen, ist es am besten, der Hund führt diese Handlung ohne körperliche Einwirkung aus. Das kann man sehr gut durch Shaping erreichen.

Die meisten Hunde – auch schon Welpen – zeigen das Sitzen ziemlich spontan.

ren, wenn das Signal nicht gegeben wurde (außer natürlich, er hat „frei").

Den Anfang haben wir nun geschafft: unser Hund setzt sich, wenn wir „Sitz" sagen. Unser „Sitz" ist das Signal für die Handlung. Wahrscheinlich würde er sich aber auch vor uns hinsetzen, wenn wir gar nichts sagen würden, denn bisher wurde er ja dafür von uns belohnt. Um unser Signal zu festigen, kommt jetzt unser nächster Schritt: Die Belohnung gibt es nicht mehr ohne vorheriges Signal. Das bedeutet, von jetzt an kann Ihr Hund sich erwartungsvoll vor Sie hinsetzen, so oft er möchte – belohnt wird er nur noch dafür, wenn Sie vorher das Signal gegeben haben. Ihr „Sitz" wird also für den Hund zum Zeichen, dass er jetzt die Chance hat, sich eine Belohnung zu verdienen.

Bildlich betrachtet: „Die Ampel steht auf Grün." Anfangs vielleicht noch ein paar Sekunden, später hat der Hund dann aber die Chance vertan, wenn er sich nicht ganz schnell hinsetzt und die Ampel bereits wieder „Rot" zeigt. Sobald dies klappt und Ihr Hund sich nicht mehr dauernd hinsetzt, ohne dass Sie etwas gesagt haben, variieren Sie auch hier wieder die Umgebung, und ändern Sie auch Ihre eigene Position – Ihr Hund sollte lernen, dass das Signal immer dasselbe bedeutet, egal ob Sie es ihm im Wohnzimmer oder auf einer Autobahnbrücke geben, egal ob Sie ihn dabei ansehen oder nicht, ob Sie sitzen, Fahrrad fahren oder Kopf stehen!

WO ÜBEN – IM VEREIN, IN DER HUNDESCHULE?

Möchte man bei der Ausbildung auf die Anleitung durch einen erfahrenen Ausbilder nicht verzichten, hat man drei Möglichkeiten: Man tritt einem Hundesportverein bei, man besucht eine Hundeschule oder man hat Glück und findet einen Ausbilder, der gegen ein Honorar Privatunterricht gibt. Was für Sie persönlich die beste Wahl ist, hängt von vielen Faktoren ab. Nachstehend ein paar Orientierungshilfen für Sie, die hilfreich sein könnten.

Vereine stehen und fallen mit ihren Ausbildern. Diese Übungsleiter sind in der Regel ehrenamtlich tätige Laien. Entsprechend unterschiedlich ist auch das Niveau. Nicht alle Vereine verlangen von ihren Ausbildern Qualifikationsnachweise. Informieren Sie sich, wie dies in dem jeweiligen Verein geregelt ist.

Natürlich kann auch kein Zertifikat dafür garantieren, dass ein bestimmter Ausbilder der richtige für Sie ist, aber es gibt Ihnen Auskunft darüber, wie engagiert der Ausbilder in Sachen Fortbildung ist.

Sehen Sie sich nach Möglichkeit auch an, wie der Ausbilder mit seinem eigenen Hund umgeht: auf dem Übungsplatz und außerhalb. Dies sagt oft mehr als tausend Worte. Prüfen Sie für sich selbst, ob diese Art Ihnen gefällt und zu Ihrer eigenen Einstellung passt.

Ein weiterer, nicht zu unterschätzender Aspekt bei der Wahl eines Vereins sind die Mitglieder. Es gibt, auch heute noch, Vereine, in denen sich die Hauptaktivitäten regelmäßig am Tresen des Vereinsheims abspielen. Schauen Sie sich also auch die Leute an, die einen Verein besuchen. Sind sie Ihnen sympathisch und gefällt Ihnen die Art und Weise, wie sie mit ihren Hunden umgehen? Hat der Verein einen guten Ruf?

Ein weiteres Kriterium sind die Übungszeiten. An welchen Tagen und zu welchen Uhrzeiten findet der Übungsbetrieb statt? Aufgrund der hohen Mitgliederzahlen ist der Übungsbetrieb meist streng durchorganisiert, Hauptübungsbetrieb ist in der Regel, wenig familienfreundlich, am Samstag und Sonntag.

Obedience, in Deutschland erst Ende der neunziger Jahre eingeführt, wird zurzeit noch nicht flächendeckend in Hundevereinen angeboten.

Hundeschulen schießen in der letzten Zeit wie Pilze aus dem Boden. Auch ihre Qualität hängt von den Ausbildern ab, die dort tätig sind. Mit dem Unterschied, dass diese in der Regel mit dieser Tätigkeit ihren Lebensunterhalt bestreiten.

Ein geschütztes Berufsbild gibt es nicht, im Prinzip kann jedermann eine Hundeschule betreiben. Auch hier sollten Sie also nach der Qualifikation des Ausbilders fragen.

Die Kosten für den Hundehalter sind normalerweise deutlich höher als der Mitgliedsbeitrag für einen Hundeverein, allerdings können Sie für Ihr Geld auch eine individuelle Betreuung erwarten. Häufig haben Sie darüber hinaus die Möglichkeit, Unterricht nach Absprache zu bekommen, sodass er in Ihren Zeitplan passt.

Der Schwerpunkt liegt in den meisten Hundeschulen, angepasst an den Bedarf, weniger auf Hundesport, sondern vielmehr auf Alltagstauglichkeit der Hunde – fragen Sie nach, ob die Schule überhaupt Obedience im Angebot hat.

Selbst wenn dies der Fall ist: Sobald Sie mit Ihrem Hund an offiziellen Obedience-Wettkämpfen teilnehmen wollen, benötigen Sie eine Leistungskarte oder ein Leistungsbuch. Diese bekommen Sie nur, wenn Sie Mitglied in einem überregional organisierten Hundesport- oder Rassezuchtverein sind, der solche Dokumente ausstellt.

Von einem/r Hundeverein/Hundeschule erwarte ich:

- *Hilfestellung in der Erziehung meines Hundes zur Alltagstauglichkeit, das heißt die wichtigsten Dinge wie Herankommen auf Zuruf, an lockerer Leine gehen und Jogger beziehungsweise Radfahrer in Ruhe lassen sollen gelernt werden;*

- *dass mein Hund andere Hunde trifft und gutes Sozialverhalten entwickeln kann;*

- *dass ich zusammen mit meinem Hund eine Hundesportart erlernen und auf Wunsch auch an Wettkämpfen teilnehmen kann;*

- *mehr über Hunde zu lernen (Verhalten, Ausbildung, Umgang …);*

- *Gleichgesinnte kennen zu lernen;*

- *Hilfe bei Problemen mit dem Hund.*

Fühlen Sie sich in Ihrer Hundeschule jedoch gut betreut und möchten dort bleiben, auf die Teilnahme an Wettkämpfen aber trotzdem nicht verzichten, haben Sie immer noch die Möglichkeit, zusätzlich in einen Verein einzutreten, um an eine entsprechende Leistungskarte zu kommen. Der **Privatunterricht** bei einem Ausbilder schließlich bietet wohl die individuellste Betreuung, die überhaupt möglich ist. In der Regel bekommen Sie dort Einzelunterricht, und nur Sie bestimmen, was Sie lernen möchten; der Lehrplan ist speziell auf Sie und Ihren Hund zugeschnitten.

Für die Qualifikation des Ausbilders gilt selbstverständlich wieder das oben Gesagte.

DAS VIDEO ALS HILFSMITTEL

Auch der beste Ausbilder kann Ihnen nicht vermitteln, wie Sie und Ihr Hund für einen Betrachter aussehen. Eine viel zu selten benutzte Ausbildungshilfe ist die Aufzeichnung des Trainings auf Video. Viele Dinge, die man tut, werden einem gar nicht so bewusst. Sieht man sie aber einmal selbst, fallen sie meist sofort ins Auge. Kleine unbewusste Bewegungen oder Gesichtsausdrücke, auf die der Hund reagiert, unkorrektes Timing, eine schiefe Körperhaltung und vieles mehr lassen sich auf diese Weise sehr gut sichtbar machen. Gerade wenn man ohne Trainer auskommen muss, ist die Videoaufzeichnung häufig das einzige Mittel, sich selbst einmal kritisch zu betrachten.

Ebenso wird die Analyse von Fehlern durch Video sehr erleichtert. Manchmal geht etwas schief, ohne dass es für uns einen erkennbaren Grund gibt. Mit Videoaufzeichnungen ist es möglich, Fehlerquellen zu entdecken und dann gezielt dagegen anzutrainieren.

Wenn Sie schon mit Ihrem Hund auf Wettkämpfen starten und dort Schwierigkeiten haben, die im Training niemals auftreten und die Sie sich nicht so recht erklären können, lassen Sie sich auf dem Wettkampf filmen und vergleichen Sie diese Aufnahmen mit Aufzeichnungen Ihres Trainings.

Achten Sie besonders auf Ihren eigenen Ausdruck – Körperhaltung, Stimmlage und so weiter – sowie auf den gesamten Ablauf des Programms.

Vielleicht ist Ihr Hund es gewohnt, dass nach dem Apportieren immer ein Spielchen kommt oder vor dem Abrufen immer eine Bleib-Übung, und auf der Prüfung ist diese Reihenfolge plötzlich anders oder Sie selbst verunsichern den Hund durch Ihre angespannte Haltung.

Oder vielleicht reden Sie im Training viel mehr mit Ihrem Hund und es irritiert ihn, dass Sie plötzlich so ruhig sind. Viele Dinge werden einem oft nicht richtig bewusst. Videos können dabei helfen, sie zu entlarven.

Die Grundübungen

Bevor wir mit den Obedience-Übungen anfangen, sollten wir uns und unserem Hund den Gefallen tun, ein paar vorbereitende Übungen zu machen. Wer jetzt das Glück hat, einen Welpen zu besitzen, hat den entscheidenden Vorteil, von vornherein alles richtig aufzubauen. Aber alle anderen seien getröstet: Mit jedem Hund, egal wie alt, kann man eventuell Versäumtes nachholen.

Der Grund, warum ich so viel Wert auf eine gute Vorbereitung lege, ist einfach: Je mehr der Hund schon kann, wenn wir eine Obedience-Übung anfangen, desto leichter ist es für uns. Wir können uns so besser mit unserem Hund verständigen, weil er schon über ein gewisses „Grundvokabular" verfügt.

Außerdem können wir bei diesen Grundübungen selbst unsere Ausbildungstechniken üben und uns schon richtig mit dem Hund als Team einspielen. Das beugt späteren Verständigungsschwierigkeiten vor. Zu guter Letzt sind die meisten dieser Vorübungen auch für den Alltag mit dem Hund ganz nützlich.

1. BLICKKONTAKT

Blickkontakt bedeutet, dass der Hund uns ansieht. Wo er nun genau hinguckt, ist Geschmackssache. Viele Hundeführer haben es gern, wenn ihr Hund ihnen direkt in die Augen schaut. Zwingend notwendig ist das aber nicht.

Manchen Hunden fällt dieser Augenkontakt auch schwer, denn in der Hundesprache bedeutet das direkte „In-die-Augen-Sehen" eher eine Provokation, und wenn unser Hund uns deutlich machen wollte, dass er uns als Chef akzeptiert, müsste er nach „Hunde-Knigge" eigentlich wegglucken.

Blickkontakt x vier!

Auch das will gelernt sein: Die Hunde halten den Blickkontakt auch, wenn dieser nicht erwidert wird.

Natürlich kann man einem Hund auch beibringen, dass **unser** Augenkontakt, zumindest in diesem Zusammenhang, etwas anderes bedeutet.

Doch es reicht aus, wenn der Hund uns überhaupt ansieht, zum Beispiel auf unseren Körper schaut. Der Sinn des Blickkontaktes ist nämlich der, dass unser Hund auf uns achtet und so auch schon kleinste Signale erkennt.

Beim Bei-Fuß-Gehen beispielsweise ist es ungemein hilfreich, wenn der Hund auf Körpersprache achtet. Wie wir diese dann für unsere Ausbildung nutzen können, wird im entsprechenden Kapitel ausführlich beschrieben.

Wie können wir nun unserem Hund beibringen, uns anzusehen? Im Prinzip brauchen wir nur abzuwarten, bis der Hund uns sowieso ansieht und ihm genau in diesem Moment klar machen, dass das richtig ist. Ab und zu ist also eine kleine Belohnung angebracht.

Noch einfacher geht es, indem man ein Spielzeug oder Leckerli in die Hand nimmt und den Hund bei seinem Namen ruft. Höchstwahrscheinlich wird er dann zumindest zu uns sehen, und in diesem Moment können wir ein Signalwort benutzen, zum Beispiel „Guck", und den Hund sofort belohnen. Dabei müssen wir darauf achten, dass der Hund in dem Moment, in dem die Belohnung kommt, wirklich noch zu uns guckt (sonst würden wir ihn nämlich für das Wegsehen belohnen).

Wenn dies gut klappt, können wir anfangen, die Zeitspanne zu verlängern, das heißt, der Hund wird erst belohnt, wenn er uns über längere Zeit angesehen hat. Das müssen wir natürlich langsam steigern, damit der Hund nicht überfordert wird und sich Fehler einschleichen. Für den Anfang genügt eine Sekunde Blickkontakt, später dann ein paar Sekunden und so weiter.

Zu Anfang üben wir in einer ablenkungsarmen Umgebung (prima vom Fernsehsessel aus ...). Sind wir sicher, dass unser Hund das ausgewählte Signalwort verknüpft hat, können wir anfangen, die Übung auch nach draußen zu verlegen.

So wie wir anfangs die Zeitspanne langsam gesteigert haben, so steigern wir jetzt die Umgebungsablenkung, um unserem Hund zu zeigen, dass unser Signalwort immer und überall gilt, also nicht nur, wenn es sonst sowieso nichts Interessantes zu sehen gibt ... Sollten wir anfangs merken, dass die Wahrscheinlichkeit gering ist, dass unser Hund uns anguckt (weil vielleicht gerade sein Erzrivale im Anmarsch ist), setzen wir unser Signalwort nicht gerade zu diesem Zeitpunkt ein: Was wir wollen, ist ja Erfolg, und der wäre jetzt denkbar unwahrscheinlich.

Bei regelmäßigem Üben wird unser Hund aber bald feststellen, dass es sich immer lohnt, uns anzusehen, wenn wir „Guck" sagen, und dann können wir dieses Wort auch in schwierigen Situationen vorteilhaft einsetzen, um den Hund von etwas abzulenken.

Ein Spielzeug kann helfen, dem Hund die Übung „Blickkontakt" verständlich zu machen.

Bobtail-Rüde „Arrow" geht schön eng an Frauchens linkem Bein und hält dabei Blickkontakt.

Warten muss nicht langweilig sein, wie diese „Zaungäste" demonstrieren.

Für Obedience ist Blickkontakt absolut unverzichtbar. Es steht zwar so direkt in keiner Prüfungsordnung, dass der Hund den Hundeführer ansehen muss, Tatsache ist aber, dass einfach kein Hund gewinnt, der dies nicht tut.

Davon ganz abgesehen sieht es auch einfach viel schöner aus, wenn der Hund zu seinem Menschen hochguckt, als wenn er einfach in die Gegend starrt.

2. WARTEN

Als Signalwort und Übung ist „Warten" einsetzbar in vielen Situationen, auch und ganz besonders im Alltag.

Wenn ich zum Beispiel einen Stock für meine Dusty werfen will, sie aus Sicherheitsgründen aber nicht gleich losrennen soll (der Stock könnte mit einem Ende nach oben landen und sich meinem Hund in den Rachen rammen), sage ich „Warte" und lasse sie erst losrennen, wenn der Stock sicher auf dem Boden liegt.

Ich möchte aus dem Haus gehen, und zwar ohne dass mein Hund sich aus lauter Eifer den Kopf an der Tür stößt. Also heißt es beim Öffnen „Warte".

Wir möchten gemeinsam mit dem Auto wegfahren, ich möchte aber vorher die Hundedecke noch einmal ausschütteln – also: Heckklappe auf und „Warte". Ebenso (sicherheitshalber) beim Aussteigen ...

Wie bringt man nun einem Hund bei, zu warten? Er muss merken, dass er das, was er im Moment will, erst bekommt, wenn er auf unser „Warte" reagiert.

Eine gute Möglichkeit zu üben ist der Einsatz von Futter. Man kann hierzu ein Leckerli oder auch einfach den gefüllten Fressnapf verwenden. Einen sehr schnellen Hund nehmen wir sicherheitshalber an die Leine.

Dann halten wir ihm das Leckerli vor seine Nase oder stellen den Fressnapf auf den Boden. Will er sofort hin, nehmen wir das Futter wieder außer Reichweite. Nach ein paarmal wird der Hund zögern, weil er gemerkt hat, dass er das Futter doch nicht bekommt.

Dieses Zögern ist genau das, worauf wir gewartet haben: Er wartet nämlich! Also können wir unser Signalwort geben und ihn für das Warten mit dem Futter belohnen. Wie bei der Übung „Blickkontakt" steigern wir auch hier allmählich die Zeit und die Anforderungen.

Jedes Motivationsmittel ist wertlos für die Ausbildung, wenn der Hund es sich nach Belieben nimmt. Diese Dobermann-Hündin wartet ...

... bis die Hundeführerin ihr signalisiert: „Jetzt darfst du!"

3. „JA UND NEIN"

Eng verwandt mit dem Warten ist das „Nein". Es bedeutet aber, dass der Hund etwas, was er gerade tun will, überhaupt nicht tut.

Dabei muss „Nein" durchaus nicht automatisch etwas Negatives für unseren Hund bedeuten. Im positiven Sinne bedeutet „Nein" für unseren Hund so etwas wie „Das, was ich gerade tue/tun will, lohnt sich nicht ich sollte stattdessen lieber etwas anderes tun".

Hierzu eine kleine Geschichte: Vor einiger Zeit ging meine Dusty längere Zeit lahm, und da diese Lahmheit sich nach schnellem Herumlaufen jedes Mal stark verschlimmerte, ging ich dazu über, eine lange Leine zu benutzen. So hatte mein Hund zwar noch etwas Bewegungsfreiheit, konnte aber nicht einfach losflitzen. Zur Erledigung ihrer Geschäfte geht Dusty immer ins Gebüsch, und so passierte es regelmäßig, dass sie sich auf dem Rückweg mit der Leine im Unterholz verhedderte.

Da ich es leid war, immer wieder den Hund befreien zu müssen, erfand ich ein neues Spiel: „Ja" und „Nein". Ging sie auf dem Rückweg in eine falsche Richtung, sagte ich „Nein", worauf sie einen Schritt rückwärts machte und sich einen neuen Weg suchte. War dieser richtig, half ich ihr mit „Ja".

Nach ganz kurzer Zeit fing Dusty an, Spaß an diesem Spielchen zu entwickeln und sah mich auffallend „fragend" an, wenn sie auf dem Rückweg aus dem Gebüsch kam. Irgendwie werde ich den Verdacht nicht los, dass sie extra oft ins Gebüsch gegangen ist, nur um dieses Spielchen zu spielen ... Warum ich diese Geschichte erzählt habe? Ganz einfach, damit deutlich wird, dass „Nein" nicht zwangsläufig unangenehm ist!

Das Üben von „Nein" ist ganz ähnlich wie das des Wartens. Ergänzend sollten wir uns etwas einfallen lassen, was unser Hund stattdessen tun kann.

Zum Beispiel könnte man in jeder Hand ein Leckerli halten und sich überlegen, welches der Hund nehmen soll. Versucht er, das andere zu nehmen, heißt es „Nein" und das Leckerli verschwindet in der geschlossenen Hand. Versucht er trotzdem, es zu nehmen, lassen wir die Hand geschlossen, bis er von sich aus ablässt. Dann präsentieren wir die andere Hand und erlauben ihm, das Leckerli aus dieser zu nehmen. Allmählich lernt der Hund, dass es sich lohnt, auf „Nein" zu reagieren,

auch wenn die Verlockung noch so groß ist. Natürlich gilt auch hier, die Schwierigkeit allmählich zu steigern.

4. KOMMEN AUF ZURUF

Dies ist wohl die wichtigste Übung überhaupt, die ein Hund können muss. Seltsamerweise sieht man aber Tag für Tag jede Menge Hunde, die das nicht zuverlässig tun. Meist ist der Grund dafür, dass andere Dinge diesen Hunden einfach mehr Spaß machen, als zu ihrem Besitzer zurückzulaufen.

Häufig kann man beobachten, dass Hunde nur gerufen werden, wenn sie angeleint werden sollen. Diese Hunde lernen ziemlich schnell, daß Kommen auf Ruf nur „Spaß beendet" bedeutet. Nur zu verständlich, dass sie sich dann gern etwas Zeit damit lassen.

Mancher Hundebesitzer lobt seinen Hund zwar, wenn dieser kommt, aber aus Sicht des Hundes sieht die Sache oft ganz anders aus: Eben noch hat er mit seinen Kumpels gespielt, jetzt bekommt er halbherzig den Kopf getätschelt. Was macht wohl mehr Spaß?

In Wirklichkeit denkt dieser Hundebesitzer nur, dass er den Hund lobt, dieser denkt aber wahrscheinlich ganz anders darüber ... Lob oder Belohnung müssen wir immer aus der Sicht des Hundes betrachten, uns also möglichst in den Hund hineinversetzen und ergründen, was dieser wohl im Moment am liebsten hätte.

Wie übt man nun am besten das zuverlässige Herankommen auf Zuruf?

Herankommen unter Ablenkung: Dieser Schäferhund lässt sich weder durch die anwesenden Hunde und Menschen noch durch plötzlich aufgespannte Regenschirme auf seinem Weg beirren und rennt schnurstracks zu seinem Besitzer.

Zunächst müssen wir uns überlegen, womit wir den Hund bewegen können, zu uns zu kommen. Wann kommt er sowieso immer angerannt? Tut er dies vielleicht, wenn wir seine Futterschüssel nehmen, um Futter hineinzutun? Prima! Dies können wir für unsere Übung gut benutzen. Dazu nehmen wir einfach die Schüssel hoch, und sobald wir bemerken, dass unser Hund angelaufen kommt, sagen wir unser neues Signalwort fürs Kommen, zum Beispiel „Komm". Ist er dann bei uns angekommen, gibt es zur Belohnung eine gefüllte Futterschüssel. Ähnlich gern kommen die meisten Hunde, wenn ein Spaziergang ansteht. Auch dies ist eine sehr gute Übungsmöglichkeit.

Nun wird vielleicht der eine oder andere von Ihnen einwerfen: „Ich kann doch nicht den ganzen Tag lang andauernd meinen Hund füttern oder mit ihm rausgehen." Stimmt! Das brauchen Sie auch nicht.

Schließlich wollen wir, dass unser Hund etwas **Besonderes** mit diesem Signal verbindet. Würden wir nun andauernd rufen und andauernd belohnen, wäre es eben nichts Besonderes mehr – das Signal würde sich „abnutzen". Als Faustregel: Dreimal täglich üben. Das genügt. Sie werden schnell den Erfolg sehen.

Wenn dies in ablenkungsarmer Umgebung, zum Beispiel im Haus, zuverlässig klappt, können wir anfangen, auch draußen zu üben. Denken Sie aber daran, auch hier mit etwas ganz Besonderem aufzuwarten, denn draußen sind nicht nur Sie interessant, sondern auch viele andere Dinge!

Vielleicht spielt Ihr Hund gern mit einem Ball oder einem Ziehknoten? Dann nehmen Sie sein Spielzeug mit nach draußen. Wenn Ihr Hund sich ein paar Meter von Ihnen entfernt hat, fangen Sie an, **selbst** auffällig mit dem Spielzeug zu spielen. Das wird höchstwahrscheinlich das Interesse Ihres Hundes wecken, der neugierig angelaufen kommt. Auf diesen Moment haben Sie natürlich gewartet: Schnell rufen Sie noch das Signalwort „Komm" und belohnen Ihren Hund mit einem gemeinsamen Spiel.

Merken Sie, dass der Hund gerade abgelenkt ist und wahrscheinlich sowieso nicht kommen würde, rufen Sie erst gar nicht. Sie müssen immer die Kontrolle über die Situation haben. Und denken Sie unbedingt an „dreimal täglich"! Rufen Sie nämlich Ihren Hund zu oft und vor allem unnötig, wird er bald keine Lust mehr haben: Der Reiz des Besonderen ist dahin.

Betrachten Sie es so: Ihr „Komm" ist eine Chance, eine Einladung für Ihren Hund, mit Ihnen Spaß zu haben. Etwa so, als würden Sie Ihren Kindern sagen: Kommt, wir gehen in den Vergnügungspark oder ein Eis essen. Die wenigsten Kinder werden daraufhin lieber weiter im Sandkasten buddeln. Rufen Sie aber nur, weil die Kinder ins Bett gehen sollen oder die Hausaufgaben machen, wird das Rufen längst nicht mehr so attraktiv sein.

Eine andere Möglichkeit ist es, zwei Rufsignale einzuführen, eines „für den Alltag" und ein „Besonderes" (dies kann zum Beispiel auch eine Pfeife sein). Dann können wir das „Alltagswort" auch benutzen, wenn wir den Hund aus irgendeinem Grund rufen möchten, aber nicht ganz sicher sind, ob er auch kommt, und das andere Signal für die besonderen Gelegenheiten aufsparen (so wie oben beschrieben). Wenn wir diese Übung konsequent aufbauen, wird sie bald keine Schwierigkeiten mehr bereiten.

Colliemix „Jacky" genießt sichtlich das gemeinsame Spiel an der Leine.

5. ANGELEINT SEIN MACHT SPASS!

Wofür soll das wichtig sein? In unserer späteren Ausbildung werden wir oftmals von der Leine Gebrauch machen, und sei es nur zur Kontrolle.

Wenn der Hund die Leine aber bisher nur als Einengung erlebt hat, die ihn von Spaß abhält, wird seine Stimmung wahrscheinlich ziemlich gedämpft, sobald er angeleint wird. Das ist nicht gerade das, was wir wollen. Obedience soll ja uns **und** dem Hund Spaß machen!

Deshalb müssen wir uns von Anfang an überlegen, wie wir es anstellen, dass der Hund auch mit der Leine Spaß verbindet. Das geht ähnlich wie mit dem Rufen: Erlebt der Hund immer etwas Angenehmes, nachdem er angeleint wurde, wird er sich bald auf die Leine freuen.

Das geht zum Beispiel sehr gut mit einem Ziehspielzeug, das man gemeinsam mit dem Hund festhalten kann. Ab und zu sollte sich die Leine dabei ruhig etwas straffen, damit der Hund merkt, dass er angeleint ist, und lernt, dass ein kleiner Zug am Halsband nichts Schlimmes bedeutet.

In England habe ich eine clevere Methode kennen gelernt: Vor dem Spielen mit dem Hund wird kurz an der Leine gezupft („Ruck-Ruck").

Nach wenigen Wiederholungen hat der Hund gelernt, dass „Ruck-Ruck" an der Leine immer gefolgt von Spaß ist, und

wird entsprechend aufmerksam und erwartungsfroh – genau der Zustand, den wir uns für die Ausbildung wünschen!

Gehört Ihr Hund zu denen, die gern an der Leine ziehen, versuchen Sie, nicht ärgerlich an der Leine zu rucken. Es genügt, wenn Sie einfach stehen bleiben, wenn sich die Leine strafft. Der Hund soll merken: „Wenn ich ziehe, geht es nicht weiter."

Irgendwann wird er sich wahrscheinlich fragend zu Ihnen umdrehen. Wenn sich dabei die Leine etwas lockert, loben Sie den Hund und gehen wieder weiter.

Anfangs kommt man nicht sehr weit dabei, weil man alle paar Schritte stehen bleibt. Ist man aber wirklich konsequent dabei, lernen die Hunde sehr schnell, manierlich zu gehen.

Wenn Sie vor dem Problem stehen, dass Sie nur begrenzt Zeit haben und glauben, Sie schaffen es mit dieser Methode nicht

Gemeinsames Spiel an der Leine fördert die gute Beziehung und hilft dem Hund, auch zum Angeleintsein ein positives Verhältnis aufzubauen.

Spielzeug ist nicht nur zum Werfen da! Sonst hat der Hund seinen Spaß weit weg von uns. Besser spielt man, wie das Foto zeigt.

Gemeinsames Spiel verbindet.

bis zum Auslaufplatz, wo der Hund abgeleint werden kann, gehen Sie einen Kompromiss ein: Verwenden Sie zum Beispiel ein Brustgeschirr für den Hund. Trägt er dieses Geschirr, darf er ziehen, trägt er aber ein Halsband, muss er manierlich gehen.

6. SITZEN, LIEGEN, STEHEN

Diese drei Positionen werden beim Obedience für viele verschiedene Übungen gebraucht, und auch im Alltag sollte sie jeder Hund beherrschen.

In den meisten Büchern über Hundeausbildung und auch auf den meisten Hundeübungsplätzen werden sie immer noch mithilfe von körperlicher Einwirkung gelehrt. Das bringt jedoch verschiedene Schwierigkeiten mit sich, denn oftmals verknüpft der Hund dann nicht nur das Hörzeichen mit der entsprechenden Position, sondern auch eine bestimmte körperliche Berührung (zum Beispiel unsere Hand auf seinem Hinterteil). Meiner Ansicht nach ist dies ein Umweg. Man kann viel schneller viel bessere Ergebnisse erzielen, wenn man auch hier wieder an das Prinzip der positiven Verstärkung denkt: Nur erwünschtes Verhalten wird belohnt.

Die drei Positionen kann man wirklich schon mit jedem Welpen üben. Im Kapitel über die Einführung von Sicht und Hörzeichen ist das Training von „Sitz" bereits beschrieben. Bei den Positionen „Steh" und „Platz" verfahren wir ähnlich. Wir warten einfach ab, bis der Hund sich von allein hinlegt oder -stellt, und belohnen ihn dafür.

Hin und wieder treten bei einer oder mehreren Positionen Schwierigkeiten auf, insbesondere das „Steh" scheint oft Probleme zu bereiten. Teilweise liegt das an der eigenen Körperhaltung: Stehen Sie vor dem Hund und dieser will Sie ansehen, muss er logischerweise den Kopf nach oben bewegen. Dies fällt viel leichter aus

Mit kleinen Hilfen lernt jeder Hund leicht das Sitzen.

Bei vielen Übungen ist es anfangs hilfreich, auf Augenhöhe des Hundes herunterzugehen.

„Steh" für Fortgeschrittene: Briard-Rüde „Balzak" befolgt das Hörzeichen trotz der (zu Übungszwecken) gestrafften Leine.

einer sitzenden Stellung als aus dem Stand. Experimentieren Sie mit Ihrer eigenen Position: Vielleicht setzen Sie sich für die Steh-Übung anfangs auf den Boden, damit Ihr Hund geradeaus gucken kann, wenn er Sie ansieht. Widerstehen Sie der Versuchung, körperlich nachzuhelfen, lassen Sie Ihren Hund selbst die richtige Position herausfinden: Wenn er erst einmal begriffen hat, um was es geht, werden Sie eventuelle Anfangsschwierigkeiten schnell hinter sich lassen.

7. „FREI"

„Frei" ist eigentlich keine Übung an sich, aber mindestens genau so wichtig: Mit einem solchen Zeichen nämlich können wir unserem Hund signalisieren, dass

eine Übung beendet ist. Stellen Sie sich einmal vor, Sie üben mit Ihrem Hund „Platz-Bleib" unter Ablenkung. Sie hampeln herum, werfen einen Ball in die Luft und fangen ihn wieder auf, rennen auf und ab oder was Ihnen sonst so einfällt. Nun wollen Sie Ihren Hund „entlassen": aber wie?

Vielleicht forden Sie ihn auf, zu Ihnen zu kommen. Okay, das wäre eine Möglichkeit; Sie hätten dann eine Anweisung durch die nächste ersetzt. Aber Sie sollten trotzdem eine Möglichkeit haben, ihm zu sagen, dass er wieder „frei" ist.

Lassen Sie Ihren Hund niemals im Zweifel, sondern machen Sie ihm ganz deutlich, ob eine Übung noch aktuell ist oder beendet, sonst könnte er irgendwann einmal auf die Idee kommen, dies von sich aus zu entscheiden. Dazu ein noch deutlicheres Beispiel: Sie üben wieder mit Ihrem Hund „Platz-Bleib", diesmal aber im Haus. Plötzlich klingelt das Telefon, das in einem anderen Raum steht.

Sie könnten jetzt einfach ans Telefon gehen, würden aber riskieren, daß Ihr Hund nicht liegen bleibt, während er unbeaufsichtigt ist.

Vielleicht dauert das Gespräch etwas länger und Ihrem Hund kommen irgendwann Zweifel, ob er nun noch liegen bleiben soll oder nicht.

Vielleicht steht er auf, ohne dass Sie darüber Kontrolle haben. So könnte er lernen, dass er nur liegen bleiben muß, wenn Sie in Sichtweite sind. Schön, wenn Sie dann die Möglichkeit haben, mit

„Frei" – unterstützt von Körpersprache wird dem Hund das Ende der Übung signalisiert.

einem kurzen Wort wie „Frei", „Okay" oder „Lauf" die Übung zu beenden!

8. WAS BRAUCHT MAN WOFÜR

Übung	Wird benötigt für:
Sitz	Distanzkontrolle, Sitz/Platz/Steh aus der Bewegung, Bleibübung, eventuell Abrufen
Platz	Distanzkontrolle, Sitz/Platz/Steh aus der Bewegung, Vorausschicken, Abrufen mit und ohne Zwischenstopp
Steh	Distanzkontrolle, Sitz/Platz/Steh aus der Bewegung, Vorausschicken, „Richtungsapportieren", Abrufen mit Zwischenstopp
Grundstellung	Leinenführigkeit und Freifolge, Apportieren, Geruchsunterscheidung, Distanzkontrolle, Bleibübungen, Vorausschicken, Abrufen, Springen über eine Hürde
Herankommen/Vorsitzen	Abrufen, Apportieren, Geruchsunterscheidung
Herankommen/Freifolge	Vorausschicken
in gezeigte Richtung laufen	Vorausschicken, Richtungsapportieren
Gegenstand tragen/halten	Apportieren, Geruchsunterscheidung
Gegenstand auslassen	Apportieren, Geruchsunterscheidung
Gegenstand am Geruch erkennen	Geruchsunterscheidung
Springen	Springen/Apportieren über eine Hürde
„Abwarten"	Apportieren, Sitz/Platz/Steh aus der Bewegung, Vorausschicken

Die eigentlichen Obedience -Übungen

Bleibt der Hundeführer stehen, setzt sich der Hund sofort.

1. BEI-FUSS-GEHEN MIT UND OHNE LEINE

WAS WIRD VERLANGT?

Eine wichtige Übung im Obedience ist das Bei-Fuß-Gehen. Ob mit oder ohne Leine, der Hund soll stets so neben seinem Hundeführer gehen, dass seine Schulter auf Kniehöhe des Hundeführers bleibt.

Auch bei allen Wendungen (Links- oder Rechtswendungen im rechten Winkel sowie Links- und Rechtskehrtwendungen sind möglich) soll der Hund ohne große „Extra-Bögen" den Bewegungen des Hundeführers folgen.

Bleibt der Hundeführer stehen, setzt sich der Hund gerade neben ihn hin, ohne extra dazu aufgefordert zu werden.

Während der gesamten Übung soll der Hund in keiner Richtung, also weder nach vorn oder hinten noch zur Seite, abweichen, außerdem ist ein aufmerksamer Blickkontakt zu seinem Hundeführer erwünscht.

Im Obedience gibt es, anders als in den Begleithunde- und Schutzhundprüfungen, in der Regel kein festes Laufschema, das der Hundeführer auswendig lernen muss und das dann bei allen Prüfungen einer Klasse gleich ist.

Stattdessen gibt der Richter oder ein Ringhelfer während der ganzen Übung Anweisungen, denen der Hundeführer dann folgt.

Die Schulter des Hundes soll sich immer auf Höhe des linken Knies des Hundeführers befinden.

WIE KANN MAN ES ÜBEN?

Vorbereitung

Was mancher Leser vielleicht im vorigen Abschnitt überlesen hat, bekommt bei der Ausbildung oberste Priorität: der **Blickkontakt!** Beim Obedience gehört es dazu, dass der Hund seinen Hundeführer aufmerksam ansieht.

In einer Prüfung dürfen wir dem Hund keine großen Hilfen geben, und daher ist es besonders wichtig, dass der Hund aufmerksam auf jede Bewegung ist, die wir machen, damit er beispielsweise rechtzeitig merkt, dass eine Wendung ansteht. Die Aufbauphase, in der wir mit dem Hund erst einmal den Blickkontakt üben (bitte nachlesen in den Grundübungen), können wir selbst auch ganz sinnvoll nutzen, indem wir bestimmte **Bewegungsabläufe** einüben.

Obedience ist Perfektion, und diese zu erreichen ist unsere Aufgabe! Wenn wir also von unserem Hund verlangen, gerade

Die Schulter des Hundes soll auf Höhe des linken Knies des Hundeführers sein. Rhodesian-Ridgeback-Rüde „Mungo" hält die korrekte Position und ständigen Blickkontakt.

zu gehen und Wendungen akkurat auszuführen, müssen wir dies erst einmal selbst beherrschen. Nichts ist für den Hund verwirrender als ein Hundeführer, der während einer Übung erst einmal überlegen muss, welchen Fuß er denn als Nächstes wohin setzt!

Die Schrittfolge

Damit unser Hund möglichst perfekt bei Fuß gehen kann, können wir ihm eine große Hilfe dadurch geben, dass wir bestimmte Dinge wie etwa Losgehen, Wendungen oder Anhalten immer auf ein und dieselbe Weise tun, das heißt beispielsweise immer mit einem bestimmten Fuß zuerst loszugehen.

Im Prinzip ist es gleichgültig, welcher Fuß dies ist – wichtig ist nur, dass man sich für einen entscheidet und dann **immer** diesen Fuß als ersten bewegt.

Hunde achten sehr genau auf Körpersprache, und schon bald wird der Hund merken, was es bedeutet, wenn wir eine

Auch Gehen will gelernt sein: Zunächst einmal ohne Hunde üben die Hundeführer die Beinarbeit.

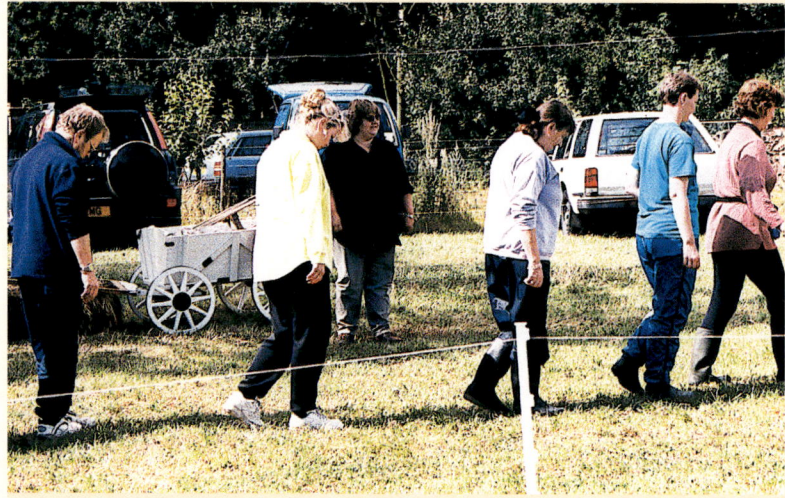

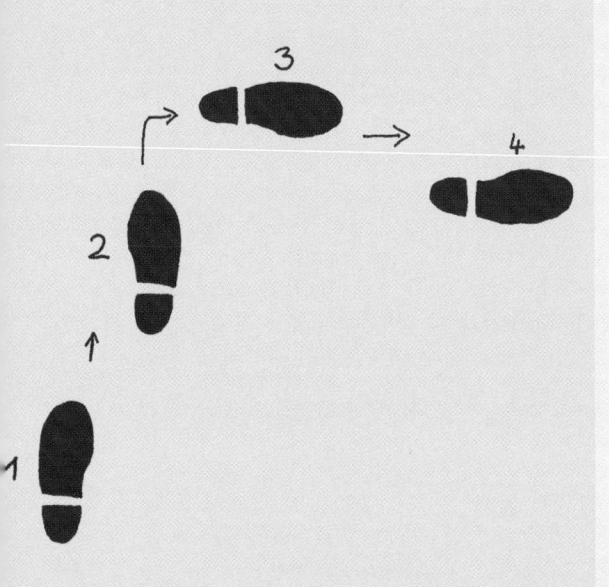

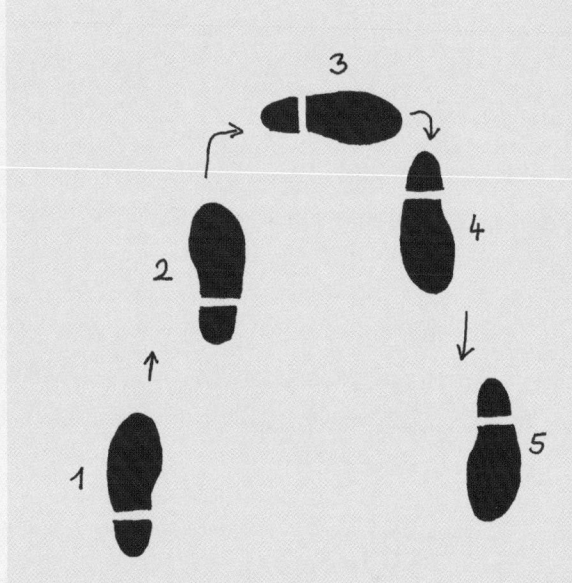

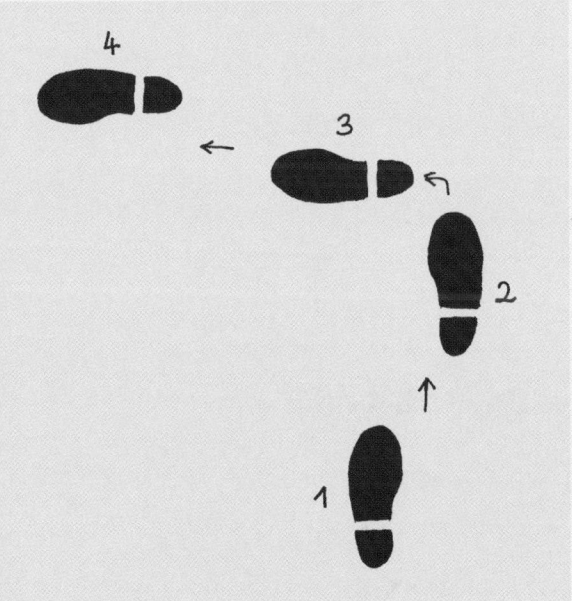

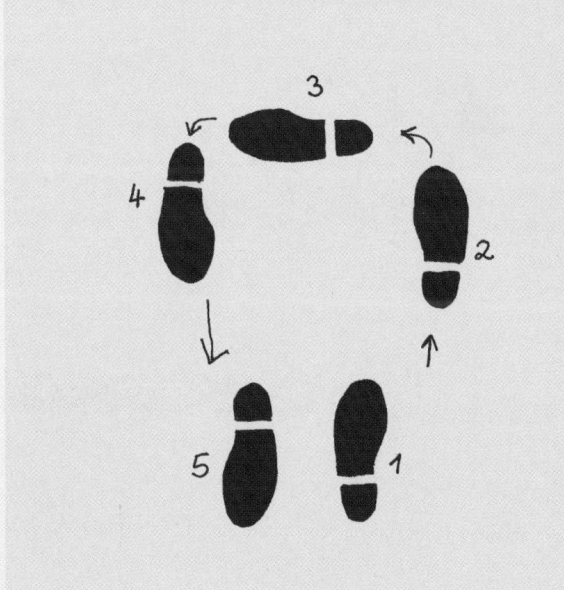

bestimmte Körperhaltung einnehmen oder eine Bewegung machen. Besonders deutlich wird dies bei den Wendungen in der Bei-Fuß-Arbeit. Als kleine Hilfe ist hier einmal aufgezeichnet, wie man die Füße in den Wendungen setzen kann. Dies ist keine verbindliche Vorschrift, sondern nur ein Beispiel für eine mögliche Beinarbeit.

Bei der Grundstellung fängt es an.
Die Hundeführerin hat allen Grund zu lächeln:
Ihr Berner Sennenhund sitzt perfekt!

Die Praxis

Wir haben also unseren Hund an der Leine, er ist fröhlich, wir sind es auch, und nun führen wir ihn sanft in die Grundstellung, das ist der Platz an unserem linken Knie, an dem er während der ganzen Übung bleiben soll.

Um nicht unnötig am Hund herumzumanipulieren, ist es für den Anfang sogar noch einfacher, wenn wir uns neben den Hund stellen. Wenn er da ist, wo wir ihn haben wollen, können wir unser Schlüsselwort „Guck" zu Hilfe nehmen, um Blickkontakt herzustellen. Ist der Hund auf gleicher Höhe mit uns und steht oder sitzt gerade parallel neben uns, dann geben wir unser Schlüsselwort „Fuß" und belohnen ihn sofort. Bei diesem Training ist es ganz wichtig, dass wir auch ein Auflösungswort, wie „Frei", zur Verfügung haben, mit dem wir unserem Hund unmissverständlich sagen können: „Übung beendet."

Die Engländer sagen zum Beispiel „That'll do" (in Norddeutschland häufig mit „Daddeldu" übersetzt). Nach und nach verlangen wir auf unser neues Schlüsselwort „Fuß", dass sich der Hund neben uns setzt.

Wir sollten gleich von Anfang an darauf achten, dass er gerade in Laufrichtung sitzt. Manche Hunde neigen dazu, sich in einem leichten Winkel mit dem Hinterteil nach außen zu setzen; hier kann es hilfreich sein, anfangs ein Hindernis, wie einen Zaun oder eine Mauer, als Begrenzung zu benutzen, damit der Hund gar keine andere Möglichkeit hat, als sich gerade zu setzen. Nun können wir auch die ersten Schritte wagen, zunächst einmal

Bei einem großen Hund sind Fehler auch besonders deutlich zu sehen, zum Beispiel eine schiefe Grundstellung. Deshalb sollte man von Anfang an auf korrekte Haltung achten. Leonberger „Hogan" sitzt schön gerade.

geradeaus. Für den Anfang reichen ein oder zwei Schritte – bleibt der Hund dabei in der richtigen Position, belohnen wir ihn mit einem gemeinsamen Spiel und beenden die Übung. Arbeiten wir uns auf diese Weise buchstäblich Schritt für Schritt weiter vor, können sich Fehler erst gar nicht einschleichen.

Während der ganzen Zeit achten wir auch weiterhin auf den Blickkontakt; dieser wird zum festen Bestandteil der Übung. Hat der Hund Schwierigkeiten, sich auf uns zu konzentrieren, sind wir vielleicht zu schnell zu weit vorangegangen. Beim nächsten Mal sollten wir dann lieber wieder ein paar Schritte weniger machen, damit wir die Übung mit einem Erfolgserlebnis abschließen können.

Wichtig ist es, dass wir unsere Belohnungen sinnvoll einsetzen. Wenn unser Ziel beispielsweise fünf Schritte geradeaus ist, der Hund aber schon nach drei Schritten den Blickkontakt aufgibt, sollten wir keinesfalls locken, um die Aufmerksamkeit wiederzubekommen. Dieses Locken könnte er nämlich allzu leicht als Belohnung für sein Weggucken auffassen – und dies in Zukunft öfter tun. In einer solchen Situation brechen Sie die Übung ohne großes Aufheben ab und beginnen Sie noch einmal von vorn. Lassen Sie keinen Zweifel daran, dass Ihr Hund zwar die Chance hat, sich eine Belohnung zu verdienen, Letztere aber nur bekommt, wenn er sich an Ihre Spielregeln hält!

Wendungen:

Nicht umsonst haben wir alleine geübt, wie wir die einzelnen Wendungen gehen.

Mit unserem Hund üben wir sie zunächst einmal in Zeitlupe. Dadurch bekommt der Hund Gelegenheit, genau zu lernen, was wir von ihm wollen, und wird nicht einfach überrumpelt.

Wir lassen unseren angeleinten Hund erst einmal links neben uns sitzen. Für die **Linkswendung** stellen wir uns nun quer vor den Hund, unsere linke Seite ist ihm zugewandt, sodass er genau auf unser linkes Bein blickt.

Dann machen wir gleichzeitig mit dem rechten Fuß einen Schritt rückwärts und

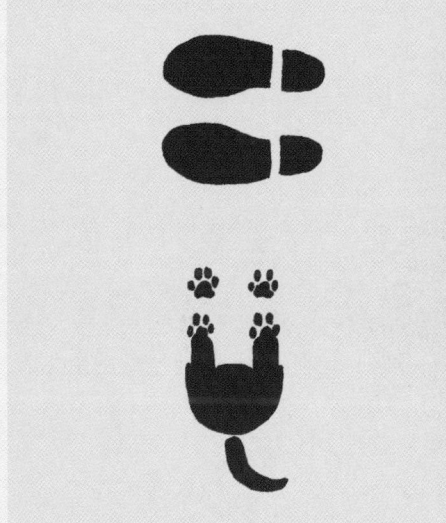

Linkswendung:

1)
Der Hundeführer stellt sich quer vor den sitzenden Hund, sodass dieser auf das linke Bein des Hundeführers blickt.

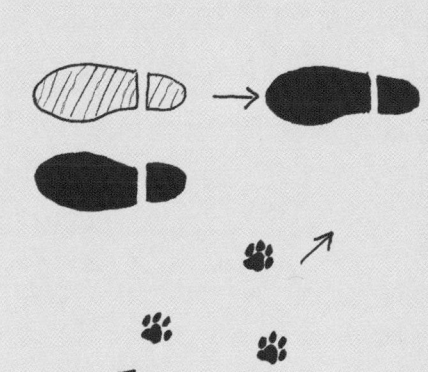

2)
Der Hundeführer setzt gleichzeitig den rechten Fuß rückwärts und lockt mit der linken Hand den Hund, ihm zu folgen.

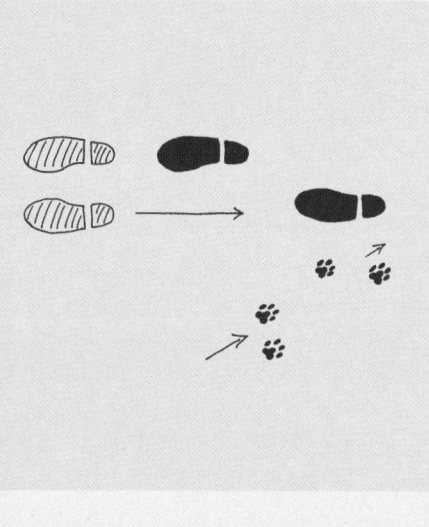

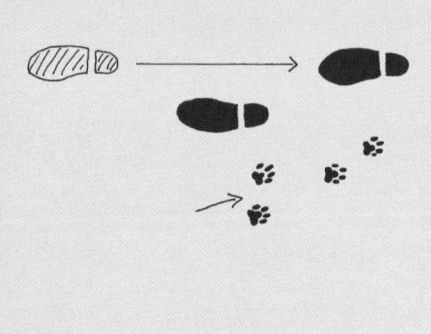

3) und 4)
Wenn nötig, wird
weiter rückwärts
gegangen, bis der
Hund auf Höhe
des linken Beins
ist. Diese Schritte
können beliebig
oft wiederholt
werden.

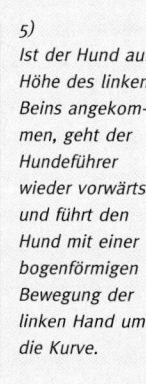

5)
Ist der Hund auf
Höhe des linken
Beins angekom-
men, geht der
Hundeführer
wieder vorwärts
und führt den
Hund mit einer
bogenförmigen
Bewegung der
linken Hand um
die Kurve.

locken mit unserer linken Hand den Hund mit uns mit. Folgt er nicht sofort, gehen wir einfach weiter rückwärts. Dabei sollte die linke Hand in einigem Abstand zum Körper gehalten werden, damit der Hund nicht (wie zum Vorsitzen etwa) direkt vor unserem Körper läuft, sondern an unserer linken Seite.

Ist er etwa auf unserer Höhe, gehen wir wieder vorwärts statt rückwärts und führen den Hund dabei mit einer bogenförmigen Bewegung des linken Arms (von außen nach innen) in die Bei-Fuß-Position. Nach ein, zwei weiteren Schritten beenden wir die Übung mit viel Lob und Spiel. Durch diese Methode lernt der Hund, seine hintere Körperhälfte zu kontrollieren.

Die **Rechtswendung** üben wir wie folgt: Wieder sitzt der angeleinte Hund an unserer linken Seite, und wir gehen vorwärts bis ans Ende der Leine. Dann machen wir mit dem linken Fuß einen Schritt zurück, lassen wieder unsere linke Hand zurück in Richtung Hund gehen und machen dann mit dem linken Fuß einen Schritt nach vorn, um ihn quer vor den rechten Fuß zu setzen (siehe Fußschema). Den Hund locken wir dabei mit Hilfe unserer linken Hand (vielleicht mit einem Leckerchen darin) mit, so daß er uns eng „um die Ecke" folgt.

Es folgen noch ein, zwei Schritte geradeaus, anschließend Lob und Spiel. Wenn diese Bewegungen flüssig ablaufen, können wir wieder unser Schlüsselwort „Fuß" einführen. Wir tun dies bewußt erst jetzt, um zu vermeiden, daß der Hund etwas Falsches damit verknüpft. Haben wir nun die Übungen einmal aus dem Stand gelernt, können wir sie allmählich auch

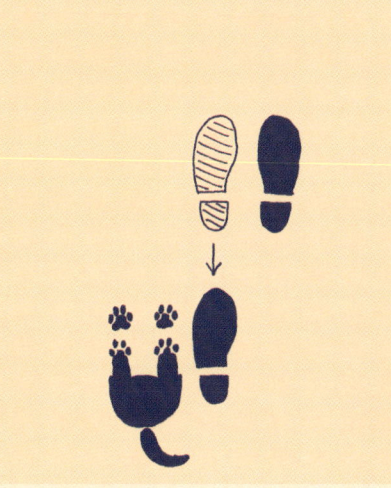

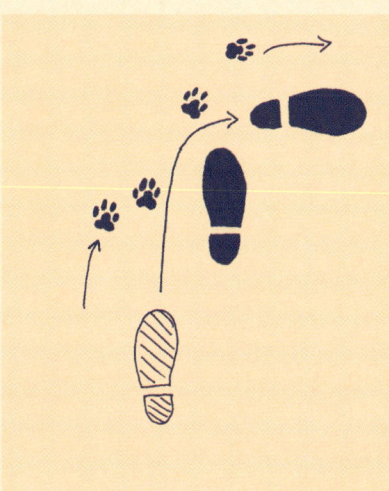

Rechtswendung
1) Der Hund sitzt, der Hundeführer steht einen Schritt vor dem Hund.

2) Der Hundeführer macht mit dem linken Fuß einen Schritt zurück zum Hund; der rechte Fuß bleibt stehen.

3) Nun wird der linke Fuß nach rechts um die Ecke gesetzt, der Hund steht auf und folgt eng am Bein um die Kurve: die Rechtswendung ist vollbracht!

aus der Bewegung einführen.

Die **Kehrtwendungen** sind eigentlich nur eine Erweiterung der einfachen Wendungen. Wenn nicht anders angegeben, ist in den Prüfungen mit einer Kehrtwendung immer eine Rechtskehrtwendung gemeint; die Linkskehrtwendung kommt erst in den höheren Klassen. Hierbei geht der Hund – abweichend von den hier bekann-ten Hundesportarten – nicht hinten um den Hundeführer herum, sondern bleibt innen an dessen linker Seite.

Vor jeder Übung ist es wichtig, erst einmal Kontakt zum Hund aufzunehmen. „Bist du bereit, Pelle?"

Tipps:

Beim Üben sollten wir darauf achten, das Ganze immer wieder neu und abwechslungsreich zu gestalten.
Man kann sich beispielsweise ein paar kleine Markierungen, Hindernisse, Kegel, Pfosten, Reifen oder Ähnliches aufstellen und mit dem Hund darum herumkurven. Man kann Achten und Schlangenlinien gehen, Seitwärtsschritte machen oder den Hund sonstwie überraschen.
Der Sinn des Ganzen ist einfach nur, keine Langeweile aufkommen zu lassen.

Bei-Fuß-Gehen unter erschwerten Bedingungen: In der Hand, die die Leine hält, wird ein Ball auf einem Löffel balanciert, gemeinsam geht man dann im Slalom um die Stangen herum. Der Mensch lernt, gleichmäßig zu gehen und nicht den Hund anzugucken, der Hund lernt zu folgen, auch wenn er nicht die volle Aufmerksamkeit des Hundeführers hat. Eine sehr nützliche Übung!

Um dem Hund ein präzises Bei-Fuß-Gehen zu erleichtern, sollten wir versuchen, unsere Schritte denen unseres Hundes anzupassen. Als Faustregel hierbei gilt: großer Hund, große Schritte – kleiner Hund, kleine Schritte!

Außerdem ist es wichtig, auf unsere Körperhaltung zu achten. Gerade gehen und dabei den Körper aufrecht halten. Besonders bei kleineren Hunden neigt man leicht dazu, sich zum Hund hinüber-

zubeugen. In einer Prüfung wird man dafür aber mit Punktabzug bedacht. Wir müssen also auch im Training auf unsere Haltung achten, damit nicht unser Hund, wenn wir mit ihm an einer Prüfung teilnehmen, plötzlich ein ganz anderes Bild von uns bekommt und von unserer ungewohnt steifen Haltung vielleicht verunsichert wird.

HÄUFIGE FEHLER

Auch hier sind es selten die Hunde, die die Fehler machen, sondern meist die Menschen! Wenn bestimmte Dinge also nicht so klappen, wie wir es uns wünschen, sollten wir zunächst einmal überlegen, wo die Ursache liegt. Oft kann sie mit ein wenig Nachdenken schon gefunden werden.

Bisweilen wird man aber beim eigenen Hund sozusagen „betriebsblind". Dann kann vielleicht ein befreundeter Hundeführer helfen.

Häufig zu beobachten ist zum Beispiel eine schiefe Grundstellung. Das bedeutet, der Hund sitzt nicht gerade, sondern schräg neben seinem Hundeführer. Statt nun immer wieder den Hund zu korrigieren, sollte sich dieser überlegen, warum der Hund nicht gerade sitzt.

Hat er vielleicht die Übung noch gar nicht verstanden? Oder hat der Hundeführer dem Hund beim Anhalten das Hörzeichen „Sitz" gegeben? Ist dies der Fall, dann hat der arme Hund eigentlich nur genau das getan, was er sollte, nämlich sich hingesetzt, wo er gerade war, und ist vielleicht durch eine Bodenunebenheit ein bisschen aus der Bahn geraten. Ein anderes Beispiel: Der Hundeführer geht natürlich mit seinem Hund nicht nur auf den Übungsplatz, sondern auch spazieren, und an manchen Orten ist der Hund dabei angeleint. Da der Hund dabei nicht an der Leine ziehen soll, bekommt er das Hörzeichen „Fuß". Kommt der Hund daraufhin in die korrekte Position und schaut seinen Menschen erwartungsvoll an, ist dieser gerade mit dem Betrachten der Auslagen im Schaufenster beschäftigt oder in eine Unterhaltung vertieft. Seinen Hund hat er längst wieder vergessen – er zerrt ja auch nicht störend an der Leine. Für den Hund kann diese Nichtbeachtung aber eine ernsthafte Strafe bedeuten!

So einfach kann es sein, durch Gedankenlosigkeit eine eigentlich schon beherrschte Übung wieder kaputtzumachen. Besser wäre es hier, für das Gehen an lockerer Leine ein zweites Hörzeichen (zum Beispiel „Nicht ziehen") einzuführen.

EIN PAAR ANMERKUNGEN ZUM GEBRAUCH DER LEINE

Generationen von Hunden wurde (und wird immer noch) mit der Methode des Leinenrucks das Bei-Fuß-Gehen beigebracht. Das Verzwickte daran ist, dass ein kräftiger Leinenruck meistens tatsächlich den gewünschten Effekt zeigt: Der Hund hört auf zu ziehen. Dies tut er aber nicht etwa, weil er gelernt hat, was das Hörzeichen „Fuß" bedeutet, sondern einfach nur, weil er gerade erfahren hat, dass es unangenehm werden kann, wenn er an der Leine zieht.

Das vermeintliche „Bei-Fuß-Gehen" nach einem Leinenruck ist nichts weiter als ein Meideverhalten – der Hund traut

sich im Moment nicht, etwas anderes zu tun. Er lernt vielleicht durch Leinenrucke, was er nicht tun soll. Was aber genau er tun soll, kann er so nicht lernen.

Die Verhaltensforschung hat inzwischen bewiesen, dass ein Lernprozess auf anderer Ebene – nämlich auf der Basis der positiven Verstärkung (erwünschtes Verhalten wird belohnt, unerwünschtes ignoriert) – sehr viel effektiver stattfindet, und moderne Hundeausbilder haben sich diese Kenntnisse auch schon längst zunutze gemacht und erzielen damit spektakuläre Ergebnisse. Und ist es nicht einfach viel schöner, wenn der Hund neben seinem Menschen gehen will, als wenn er dies nur aus Angst vor dem nächsten Leinenruck tut? Glücklicherweise gibt es in vielen Obedience-Prüfungsordnungen ein Punkt-

Eine sinnvolle Verwendungsmöglichkeit für Kettenwürger.

schema, nach dem auch Punkte für das Zusammenspiel zwischen Mensch und Hund vergeben werden. Ein Hund, der mit gesenkter Rute neben seinem Hundeführer herschleicht, wird sicher nicht die volle Punktzahl in dieser Kategorie erreichen können. Vielleicht wird es auf diese Art endlich gelingen, die letzten „Dinosaurier" zum Umdenken zu bewegen!

2. SITZEN- UND LIEGENBLEIBEN

WAS WIRD VERLANGT?
Im Obedience gibt es zwei Bleib-Übungen für die teilnehmenden Hunde, die jeweils für alle Hunde einer Klasse gemeinsam – also in der Gruppe – durchgeführt werden.

In der nach FCI-Reglement obersten Klasse sind dies eine Sitz-Bleib-Übung über zwei Minuten sowie eine Platz-Bleib-Übung über vier Minuten. Nachdem sie ihre Hunde in Position gebracht haben, verlassen alle Hundeführer gleichzeitig

Eine Obedience-Prüfung in England. In einer Anfängerklasse wird die Sitz-Bleib-Übung beendet. Die Hundeführer sind auf dem Weg zurück zu ihren Hunden.

die Hunde und gehen außer deren Sichtweite. Die Hunde sitzen neziehungsweise liegen dabei in einem Abstand von etwa 3 Meter zueinander (in vielen Ländern ist dieser Abstand angesichts großer Klassen allerdings deutlich geringer). Während der Platz-Bleib-Übung erfolgen zusätzliche Ablenkungen, zum Beispiel eine Person, die zwischen den Hunden hindurch Schlangenlinien geht.

Volle Punktzahl gibt es nur für die Hunde, die ohne zu winseln oder zu kriechen ihre Position die ganze Zeit über beibehalten. Am Ende der Übung kehren die Hundeführer zu den Hunden zurück und stellen sich einige Meter hinter diesen auf. Auf weitere Anweisung des Richters gehen sie dann wieder zu ihren Hunden und beenden die Übung in der Grundstellung.

WIE KANN MAN ES ÜBEN?
Vorbereitung
Die Grundvoraussetzung für diese Übung ist natürlich, dass der Hund bereits die Hörzeichen für Sitz und Platz kennt und sie sicher befolgt. Erst dann kann man vorsichtig damit beginnen, den Hund daran zu gewöhnen, diese Positionen auch beizubehalten, wenn wir nicht bei ihm sind. Es wird ihm anfangs sehr wahrscheinlich schwer fallen – der beste Platz ist nun mal an Herrchens/Frauchens Seite.

Also ist es sehr wichtig, unserem Hund ganz gründlich gerade die ersten Schritte dieser Übung beizubringen. Unser Hauptaugenmerk sollte darauf gerichtet sein, wie man dem Hund die Position, in der er sich gerade befindet, so angenehm wie möglich machen kann. Hier kommt wieder die Motivation ins Spiel, allerdings ist es gerade für solche „statischen" Übungen besser, nicht unbedingt ein Spielzeug zu verwenden. Es weckt leicht den Beutetrieb und macht es dem Hund unnötig schwer, still zu sitzen oder zu liegen. Empfehlenswert ist es, solche Übungen erst zu machen, nachdem der Hund Gelegenheit hatte, etwas „Dampf abzulassen".

Das Wichtigste für den Hundeführer ist, dass die Stimme **immer** freundlich bleibt. Es ist wirklich oft zu beobachten, dass mit wachsender Entfernung zwischen Hund und Hundeführer der Tonfall immer drohender wird. Bleib – Bleib! – BLEIB!!!

Vielleicht rührt das von mangelndem Vertrauen in den Hund; sicher ist aber, dass der sich immer unwohler fühlt, je lauter und drohender der Tonfall wird, und die Wahrscheinlichkeit, dass er seine Position verlässt, wird immer größer statt geringer. Wenn wir diese Übung sorgfältig aufbauen, wird sie später wenig Schwierigkeiten bereiten; hat der Hund erst einmal Vertrauen entwickelt, ist es bald unerheblich, ob wir nur einige Sekunden oder viele Minuten lang außer Sicht sind.

Alles was der Hund lernen muss, ist, dass er die Position beibehalten soll: ganz egal, was um ihn herum passiert oder welche „Geruchsnachrichten" vielleicht der Boden bereithält.

Die Praxis

Mit dem Hund an der Leine und ein paar Leckerchen kann es losgehen. Die im folgenden Text beschriebene Vorgehensweise kann man sinngemäß sowohl für das Sitzen als auch für das Liegen anwen-

Dieser Border Collie hat gelernt, auf ein Hörzeichen liegen zu bleiben, egal, was passiert. Mit wachsender Begeisterung behält er die liegende Position, auch wenn Herrchen an der Leine zieht.

Dieser Border Collie und sein Besitzer machen ein Spiel aus der Platz-Bleib-Übung: Bleibt er liegen, gewinnt der Hund, steht er auf, bevor er das Signal dafür bekommt, hat er verloren.

den. Wir bringen den Hund nun in Position und fangen vorsichtig an, uns selbst zu bewegen.

Als Erstes kann man zum Beispiel sich einfach nur vom Hund weglehnen. Lässt er sich dadurch nicht verunsichern und behält seine Position sicher bei, kann man als nächste Stufe beispielsweise einen Schritt seitlich vom Hund weg machen. Loben nicht vergessen! Nach diesem Sche-

Kerry-Blue-Terrier-Hündin „Zurana" hat begriffen: Das Hörzeichen „Sitz" gilt so lange, bis Frauchen etwas anderes sagt. Auch wenn an der Leine gezupft wird. Das nennt man „aktives Sitzen".

ne Position zu verlassen, sind wir darauf gefasst und helfen ihm rasch, seine Position beizubehalten.

Dazu ist es natürlich wichtig, den Hund die ganze Zeit über gut zu beobachten und auch kleinste Regungen rechtzeitig zu deuten. Wirken wir nämlich erst ein, wenn der Hund bereits aufgestanden ist, ist es zu spät.

Es gibt viele Hunde, die daraus eine Art „Spielchen" machen und dauernd aufstehen, weil sie wissen, dass dann ihr Hundeführer wieder zu ihnen zurückkommt, um sie in Position zu bringen. Das ist natürlich nicht der Lerneffekt, den wir haben wollen. Also: erst gar keine Fehler zulassen! In ganz kleinen Schritten auf das Übungsziel hinarbeiten!

ma kann man allmählich die Entfernung, die man vom Hund hat, und auch die Zeitspanne immer ein bisschen vergrößern.

Die nächste Schwierigkeitsstufe nie beginnen, wenn der Hund noch nicht hundertprozentig sicher ist! Versucht der Hund zu irgendeinem Zeitpunkt, sei-

Wenn wir den Eindruck haben, unser Hund versteht, was wir von ihm wollen, können wir anfangen, zusätzliche Schwierigkeiten in diese Übung einzubauen (beim Weggehen vom Hund husten, die Leine fallen lassen, oder ähnliches).

Vorbereitung auf die Prüfung: Sitzenbleiben in der Hundegruppe.

Sitzenbleiben unter erschwerten Bedingungen: Systematisch werden Ablenkungen eingebaut wie Drehen, Husten oder Schnürsenkelzubinden.

Auch eine Ablenkung, die geübt werden kann: Die Hundeführer unterhalten sich, während die Hunde liegen.

Eine sehr gute Übung, um dem Hund ein „aktives Sitzen (beziehungsweise Liegen)" beizubringen, ist es auch, ein Leckerchen direkt vor den Hund auf den Boden zu legen.

Anfangs wird er natürlich sofort versuchen, es sich zu nehmen, woran wir ihn mit Hilfe der Leine aber hindern. Auch hier sind strenge Worte überflüssig: Wir kön-

Beaglehündin „Asta" sieht zu, wie ihre Besitzerin ein Leckerli auf den Boden legt. Anfangs wird noch geschnuppert, dann aber doch zu Frauchen hochgeschaut – das ist eine Belohnung wert!

So lernt der Hund das Sitzenbleiben, während sein Mensch außer Sicht ist: „Cookie" bekommt noch einmal ein klares Handzeichen, dann entfernt sich ihr Frauchen in Richtung Siloballen, um – anfangs nur für eine Sekunde – dahinter zu verschwinden.

nen auch ohne diese dafür sorgen, dass der Hund das Leckerchen nicht bekommt. Wenn wir beispielsweise schnell einen Fuß darauf stellen. Sinn der Übung ist es, dass der Hund nicht das Leckerchen hypnotisiert oder am Boden herumschnuppert, sondern uns aufmerksam ansieht und seine Position beibehält.

Anfangs müssen wir vielleicht einen Augenblick darauf warten, dass unser Hund uns ansieht, und sobald er dies tut, belohnen wir ihn sofort mit einem Leckerchen aus der Hand. Der Hund soll lernen: „Egal, was am Boden liegt (oder riecht), ich werde dafür belohnt, es **nicht** zu beachten." Probieren Sie es einmal aus, es klappt erstaunlich schnell!

Wenn wir nun einige Zeit an wachsender Entfernung zwischen uns und dem Hund gearbeitet haben und auch die Zeitspanne immer länger werden kann, ist es an der Zeit, außer Sicht zu gehen. Dies fangen wir wieder ganz vorsichtig an. Günstig dazu sind zum Beispiel Bäume oder andere Per-

Tipps:

Wie immer ist es natürlich auch hier wichtig, die Übung abwechslungsreich zu gestalten. Der Fantasie sind keine Grenzen gesetzt: Man kann die Umgebung variieren, andere Hunde dazugesellen, stolpern, husten, niesen, um den Hund herumgehen, hüpfen, sich mit jemandem unterhalten, die Leine aushaken oder einhaken und so fort.
Auch die Zeitspanne ist wichtig. Der Hund darf sich nicht „ausrechnen" können, wann die Übung beendet ist.

Auch wenn der Hundeführer zum Hund zurückkehrt, soll dieser liegen bleiben.

sonen, hinter denen wir durchgehen können. So sind wir anfangs nur ganz kurz nicht zu sehen und tauchen sofort wieder auf. Bleibt unser Hund sicher, können wir allmählich auch diese Zeitspanne wieder verlängern. So wird unser Hund bald die Bleibübungen sicher beherrschen.

Häufige Fehler:

Wie schon anfangs erwähnt, machen viele Hundeführer den Fehler, mit wachsender Entfernung vom Hund in ihrem Ton immer drohender zu werden. Dies verunsichert den Hund nur und die Wahrscheinlichkeit, dass er seine Position verlässt, steigt. Mit wachsender Sicherheit gehen viele Hundeführer dann dazu über, den Hund immer über die maximal in der Prüfung verlangte Zeitspanne abzulegen oder -setzen. Das kann leicht zur Folge haben, dass er sich nicht mehr auf seine Aufgabe konzentriert, sondern am Boden herumschnuppert oder sich anderweitig die Zeit vertreibt, bis sein Zeitgefühl ihm sagt, dass die Übung jetzt gleich beendet ist.

Dann wird er die letzten Sekunden wieder aufmerksam warten, bis Herrchen/Frachen mit der Belohnung kommt.

Der wohl schlimmste Fehler, den man machen kann, ist es, zu schnell in der Ausbildung voranzuschreiten. Vielleicht lässt man sich durch andere Hundeführer dazu verleiten, mit diesen zu wetteifern, oder man wird vom eigenen Ehrgeiz überrumpelt. In jedem Fall riskiert man so, dass der Hund anfängt, Fehler zu machen. Doch das müssen wir unbedingt verhindern, damit der Hund nicht etwas ganz anderes lernt, als er soll (etwa: „Immer, wenn ich aufstehe, kommt Herrchen zurück").

Der gleiche Effekt entsteht auch leicht unbeabsichtigt, wenn man den Hund unbeaufsichtigt lässt: Wir binden den Hund an einem Pfosten an, sagen ihm „Platz" und gehen weg. Sind wir außer Sicht, steht der Hund auf. Kommen wir dann zu ihm zurück, können wir nichts mehr ändern an der Tatsache, dass der Hund nicht mehr liegt. Dieser aber könnte unser Zurükkkommen als Reaktion auf sein Aufstehen auffassen – ein schöner Trick, den er vielleicht bei passender Gelegenheit gleich noch einmal probiert. Diese Situation hätten wir ganz leicht vermeiden können, indem wir statt „Platz" ein einfaches „Bleib" oder „Warte" gesagt hätten. Schließlich kann es uns doch egal sein, in welcher Position der Hund wartet.

Also: Nicht nur in der Übungsstunde, sondern immer und überall daran denken, wie wir mit unserem Verhalten die Ausbildung unseres Hundes beeinflussen. Unser Hund lernt schließlich ständig – nicht nur in der Übungsstunde!

Leonberger-Rüde „Hogan" wartet, während seine Apportierhantel geworfen wird.

Freudig kommt „Hogan" mit der Apportierhantel zurück.

3. APPORTIEREN

WAS WIRD VERLANGT?

In der Apportierübung soll der Hund einen Gegenstand, der in einem gewissen Abstand zu ihm und seinem Hundeführer auf dem Boden liegt, holen. Dazu soll er flotten Schrittes direkt zu diesem Gegen-stand laufen, ihn vom Boden aufnehmen und, ohne darauf herumzukauen oder ihn zu schütteln, den Gegenstand zum Hundeführer bringen. Dort soll sich der Hund setzen und warten, bis der Hundeführer ihm den Gegenstand abnimmt.

Dieses eben beschriebene „Grundge-rüst" ist überall gleich; abhängig vom jeweiligen Reglement gibt es aber verschiedene Ausführungsformen. In den skandinavischen Ländern ist es beispielsweise üblich, dass der Hund direkt in die Grundstellung kommt (ohne vorzusitzen).

Nach einigen Prüfungsordnungen wird der Apportiergegenstand vom Hundeführer geworfen, nach anderen wiederum vom Richter ausgelegt. In den oberen Klassen kann der Gegenstand übrigens alles Mögliche sein, vom Stofftier bis zum Paket Taschentücher, das ist dem Richter überlassen.

In der höchsten Stufe nach FCI-Reglement legt der Richter gar drei Apportierhölzer aus; die Aufgabe ist es dann, den Hund je nach Anweisung des Richters das linke beziehungsweise das rechte Holz apportieren zu lassen.

WIE KANN MAN ES ÜBEN?

Die wichtigsten Dinge, die der Hund für diese Übung können muß, sind:

· einen Gegenstand auf ein Hörzeichen hin **nehmen**;
· den Gegenstand ruhig im Fang **halten** (er sollte dabei nicht zu weit hinten im Fang liegen, richtig liegt er direkt hinter den Fangzähnen);
· den Gegenstand auf ein Hörzeichen **hergeben**;
· **(in der Grundstellung) warten**, bis der Hundeführer das Hörzeichen zum Apportieren gibt;
· **gerade** auf den Hundeführer zulaufen und sich gerade vor ihn **setzen**;
· vom Vorsitzen **in die korrekte Grundstellung („bei Fuß") kommen**.

Da kommt schon eine ganze Menge zusammen, und dementsprechend gründlich sollte auch unsere Ausbildung sein.

Einiges davon kann man ganz nebenbei auch auf dem täglichen Spaziergang üben, beispielsweise das Warten. Wenn Ihr Hund zu denjenigen gehört, die gern einem geworfenen Ball oder Spielzeug nachlaufen, können Sie das Warten ganz einfach in die tägliche „Spielstunde" mit einbauen. Lassen Sie Ihren Hund sitzen, bevor Sie etwas werfen, und halten Sie ihn sicherheitshalber fest. Versucht er aufzustehen, erinnern Sie ihn freundlich daran, dass er sitzen soll.

Achten Sie darauf, dass Ihr Tonfall nicht mahnend oder drohend klingt – das würde die Spannung im Hund nur noch vergrößern. Warten Sie ein wenig ab, bis Sie merken, dass der Hund sich etwas entspannt. Dann lassen Sie ihn los und geben ihm zu erkennen, dass er jetzt laufen darf. Dazu eignet sich das Wort, das Sie auch sonst benutzen, um dem Hund zu sagen, dass die Übung jetzt beendet ist („Okay", „Frei" oder Ähnliches).

Auch bei anderen Übungen kann man dieses Abwarten gut einbauen. Wenn Sie zum Beispiel mit Ihrem Hund das Bei-Fuß-Gehen üben, werfen Sie im Gehen einfach sein Spielzeug zur Seite. Wahrscheinlich wird er versuchen hinterherzurennen. Erinnern Sie ihn daran, dass er gerade bei Fuß gehen soll (auch hier bitte freundlich!), und warten Sie, bis er Ihnen wieder seine volle Aufmerksamkeit schenkt und korrekt neben Ihnen geht. Als Belohnung geben Sie ihn dann frei und lassen ihn zu seinem Spielzeug laufen.

Wenn Sie dieses Abwarten regelmäßig üben, sollte dies bald keine Schwierigkeit mehr darstellen.

Der „Kernteil" des Apportierens besteht natürlich aus dem Aufnehmen und Tragen des Gegenstands. In der Regel handelt es sich dabei um ein Bringholz, das eine dem Hund angepasste Größe hat. Wenn man dem Hund aber gerade erst diese Übung beibringt, kann man auch etwas Weicheres benutzen, vielleicht ein Spielzeug.

Wichtig ist, dass er überhaupt erst einmal lernt, etwas auf ein Hörzeichen zum Beispiel „Bring" oder „Apport") zu nehmen und es auch auf ein anderes Hörzeichen wieder herzugeben (zum Beispiel „Gib" oder „Aus").

Bei den meisten Hunden bereitet es keine großen Schwierigkeiten, sie dazu zu bewegen, einen Gegenstand zu nehmen. Es genügt, ein wenig damit herumzuwedeln, um das Interesse des Hundes zu wecken. Versucht dieser nun, die „Beute" zu greifen, lässt man ihn das tun – der erste Schritt ist erreicht: Der Hund hält den Gegenstand. Wir zeigen ihm, dass dies genau das ist, was er tun soll. Loben ist angesagt!

Die Leine ist hier ein wichtiges Hilfsmittel. Sie verhindert, dass der Hund sich einfach mitsamt seiner Beute aus dem Staub macht.

Anfangs sollten wir den Gegenstand schnell wieder in unseren Besitz bringen, bevor der Hund Zeit hat, ihn von sich aus fallen zu lassen oder darauf herumzukauen. Die Zeitspanne vom Nehmen des Gegenstands bis zum Wiederhergeben kann durchaus kürzer sein als eine Sekunde. Gutes Timing ist also wieder einmal ganz wich-

tig. Dies gilt auch besonders für das Loben: Wir müssen aufpassen, dass wir nur dann loben, wenn der Hund den Gegenstand hält. Sobald wir ihm diesen wieder abnehmen, muss auch unser Lob aufhören, sonst könnte der Hund denken, das Hergeben der Beute werde gelobt. Wahrscheinlich hätten wir dann in Zukunft Schwierigkeiten, den Hund zum Festhalten zu bewegen...

Wenn dieser Schritt problemlos klappt, können wir allmählich die Zeit steigern, die der Hund den Gegenstand trägt (noch immer bekommt er diesen aus unserer Hand, noch immer ist er dabei angeleint). Jetzt ist es auch an der Zeit, die Hörzeichen einzuführen: Kurz bevor der Hund den Gegenstand nimmt, sagen wir „Bring" oder etwas Ähnliches, wenn wir ihm diesen wieder abnehmen, „Aus" oder ähnlich.

In den nächsten Übungsschritten wird der Gegenstand immer tiefer gehalten und schließlich auf den Boden gelegt, bevor der Hund ihn nimmt. Erst wenn er sich daran gewöhnt hat, können wir anfangen, den Gegenstand zu werfen. Auch müssen wir anfangen, den Hund daran zu gewöhnen, mit dem Gegenstand auf uns zuzulaufen. Anfangs können wir dazu mit angeleintem Hund rückwärts gehen, während er den Gegenstand trägt. Erst allmählich soll er dann auch mit dem Gegenstand vorsitzen, ohne ihn fallen zu lassen.

Haben wir bisher ein Spielzeug oder einen Dummy benutzt, sollten wir jetzt alle Schritte noch einmal mit einem Apportierholz durchlaufen, um sicherzugehen, dass der Hund die Übung mit unterschiedlichen Gegenständen zuverlässig ausführt. Bereitet das Holen und Tragen dem Hund keine

Der Hund soll auch andere Gegenstände apportieren lernen. „Pelle" sitzt mit einem Hölzchen für die Geruchsunterscheidung vor.

Schwierigkeiten mehr, fangen wir an, das Bringholz zu werfen, während der Hund in der Grundstellung neben uns sitzt. Wenn all dies sicher klappt, üben wir alles auch ohne Leine.

AUFTRETENDE SCHWIERIGKEITEN:

Der Hund interessiert sich nicht für den Gegenstand:

Manchmal ist die Ursache einfach, dass wir ihn dem Hund regelrecht aufdrängen. Versuchen Sie, so zu tun, als hätten Sie etwas besonders Tolles, das der Hund auf keinen Fall haben oder auch nur sehen soll. Drehen Sie sich schnell damit weg, wenn er zu Ihnen sieht, oder bitten Sie

jemanden, Ihnen den Gegenstand aus der Hand zu reißen und damit wegzulaufen. Hilft alles nicht, können Sie die gesamte Apportierübung auch durch „Shaping" aufbauen und jede kleinste Annäherung an ein erwünschtes Verhalten belohnen. Konkret in diesem Falle also beispielsweise folgender Ablauf: Hund geht in Richtung Bringholz – Belohnung. Hund schnuppert an Bringholz – Belohnung. Hund öffnet den Fang über dem Bringholz – Belohnung und so weiter. Für diese Methode eignet sich übrigens ganz hervorragend das Clickertraining.

Hund kaut auf dem Gegenstand herum (Knautschen):

Dies ist oftmals ein Zeichen von Unsicherheit: Vielleicht versteht der Hund die Übung noch nicht richtig. Versuchen Sie, viel Zeit für die anfänglichen Schritte zu verwenden. Überprüfen Sie Ihr Timing, loben Sie zur richtigen Zeit und hören Sie auch rechtzeitig auf zu loben? Eine andere Ursache für Knautschen könnte sein, dass der Gegenstand ein Spielzeug ist, mit dem der Hund sonst normalerweise herumschleudern darf. In diesem Fall benutzen Sie lieber einen anderen Gegenstand, mit dem der Hund nicht automatisch „spielen" verbindet.

Hund lässt den Gegenstand fallen, bevor er soll:

Vielleicht haben Sie ihn dafür unbewusst belohnt? Überprüfen Sie Ihr Timing „Lob – kein Lob". Näheres hierzu weiter unten. Bei Hunden des eher sensiblen oder unterwürfigen Typs kann es auch sein, dass der Hund das Gefühl hat, er sollte lieber „dem

Boss die Beute überlassen, bevor es Ärger gibt". Wenn Sie sich beim Vorsitzen über den Hund beugen, deuten das manche als Dominanzgeste. Versuchen Sie, möglichst gerade zu stehen, wenn Sie dem Hund den Gegenstand abnehmen wollen, und auch sonst die ganze Übung bewusst freundlich zu gestalten.

Hund will den Gegenstand nicht loslassen:
Lassen Sie sich nicht auf ein „Tauziehen" ein! Damit würden Sie das Problem nur verschlimmern. Als Sofortmaßnahme halten Sie den Hund am Halsband fest, damit er nicht am Gegenstand ziehen kann, wenn Sie ihn ergreifen. Versuchen Sie nun, ihm den Gegenstand möglichst neutral wegzunehmen. Notfalls bieten Sie ihm ein Leckerli zum Tausch an. Ist das Loslassen ein grundsätzliches Problem, sollten Sie es getrennt von der Apportierübung mit dem Hund üben, zum Beispiel mit zwei gleichen Spielzeugen: Gibt der Hund freiwillig eines her, wird er sofort mit dem zweiten belohnt. So hat er nicht das Gefühl, das Ausgeben beendet den ganzen Spaß, und entwickelt Vertrauen zu dieser Übung.

Hund läuft mit dem Gegenstand weg, statt zurückzukommen:
Wahrscheinlich sind Sie zu schnell in den einzelnen Schritten vorangegangen. Üben Sie wieder mit Leine, bis der Hund zuverlässig kommt. Dabei ist die Leine lediglich als Sicherheit gedacht. Benutzen Sie sie nicht, um den Hund zu sich heranzuziehen! Passiert Ihnen ohne Leine dieses Malheur doch einmal, obwohl das Apportieren angeleint immer geklappt hat, ver-

suchen Sie keinesfalls, hinter dem Hund herzulaufen. Drehen Sie sich einfach weg und gehen Sie in entgegengesetzter Richtung davon. Der Hund wird bald merken, dass Sie dieses Spiel nicht mitspielen.

HÄUFIGE FEHLER:
Wie oben bereits erwähnt, passiert es relativ häufig, dass wir durch unüberlegtes Handeln unserem Hund etwas beibringen, das wir gar nicht wollen. Manchmal sind diese Dinge dann in der Ausbildung äußerst störend wie beispielsweise zu frühes Fallenlassen des Gegenstands.

Speziell dieses Problem ist fast immer „selbst gestrickt", nämlich durch Spielen mit dem Hund: Da wird ein Ball geworfen, der Hund läuft hinterher, kommt damit zurück und wirft ihn seinem Besitzer vor die Füße. Der hebt den Ball wieder auf, um ihn erneut zu werfen. Aus Sicht des Hundes eine Belohnung für das Bringen und **Fallenlassen!** Ertappen Sie sich gerade selbst dabei, zu dieser Gruppe zu gehören, achten Sie in Zukunft darauf, erst wieder zu werfen, wenn Sie den Ball in die Hand bekommen haben.

Reservieren Sie außerdem Ihr Hörzeichen ausschließlich für die korrekte Apportierübung. Wenn Sie mit Ihrem Hund spielen, aber trotzdem etwas sagen wollen, wählen Sie ein anderes Wort.

Natürlich kann hier nur auf einen kleinen Teil der möglichen Schwierigkeiten eingegangen werden. Wie auch immer sie aber ausfallen mögen, sie haben alle eines gemein: Mit etwas Kreativität lässt sich für sie alle eine Lösung finden, die auf fairen Methoden beruht.

1

2

3

4

5

6

7

Der Tervueren ist zu einer Pylone vorausgeschickt worden und wartet dort auf weitere Anweisungen. Auf Signal der Hundeführerin läuft er voraus, um sich auf ein Hörzeichen hinzulegen. Nun geht die Hundeführerin (vom Richter dirigiert) los, auf den Hund zu, an ihm vorbei, wieder von ihm weg, bis (wieder auf Anweisung des Richters) der Hund mit Handzeichen oder Stimme in die Freifolge abgerufen wird.

4. VORAUSSCHICKEN

WAS WIRD VERLANGT?

Diese Übung ist sozusagen zweigeteilt: Im ersten Teil wird der Hund bis zu einem Kegel (Pylone) vorausgeschickt und soll dort stehen bleiben und auf weitere Anweisung warten. Auf erneutes Signal von seinem Hundeführer wird der Hund nun zu einem markierten Ort dirigiert, zu dem er schnell laufen soll. Dieser Ort ist fast immer ein durch vier Pylonen gekennzeichnetes Viereck. Dort bekommt der Hund vom Hundeführer die Anweisung, sich zu legen. Auf Anweisung des Richters nun geht der Hundeführer los.

Der Richter kommandiert, wie schnell er gehen soll, welche Wendungen und so weiter auszuführen sind, und wann er den immer noch im Viereck liegenden Hund zu sich rufen soll. Ohne dass einer der beiden stehen bleibt, schließt sich der Hund in der Freifolge dem Hundeführer an, der noch so lange weitergeht, bis der Richter die Übung beendet.

WELCHE UTENSILIEN WERDEN BENÖTIGT?

Zum Üben braucht man mindestens fünf Pylonen (Kegel), um der Übung mehr Abwechslung zu verleihen, ist eine größere Anzahl von Vorteil. Außerdem – wie immer – ein Motivationsmittel.

Entweder nehmen wir ein Spielzeug oder Leckerli. Letztere sollten wir in einen Behälter tun (beispielsweise eine Plastikdose von Negativfilmen oder Ähnliches). Der Hund soll den Behälter nicht selbst öffnen können.

WAS MUSS DER HUND SCHON KÖNNEN?

Für die Basisübung, das eigentliche Vorauslaufen, genügt es, wenn der Hund das Hörzeichen für das Hinlegen kennt. Wer die Übung vervollkommnen möchte, sollte seinem Hund vorher außerdem das Stehenbleiben auf Zuruf, Bei-Fuß-Gehen, das Abrufen in die Freifolge und die Bleibübungen beibringen.

AUSBILDUNGSWEGE

Bei Hunden, die gern laufen und gut auf Futter und/oder Leckerli ansprechen, funktioniert die im Folgenden beschriebene Vorgehensweise sehr gut. Es gibt aber auch Hunde, die nur schwer auf solch direkte Weise motivieren lassen. Interessanterweise sprechen aber solche Hunde oft sehr gut auf indirekte Verstärkung an, wie das „Click & Treat".

Hier aber zunächst die Methode, die bei den allermeisten Hunden gut funktioniert. Sie basiert auf Beutetrieb, ähnlich wie unsere Vorübung zum Apportieren. Wir brauchen zunächst etwas, für das der Hund sich interessiert. Da wir für diese Übung Schnelligkeit wollen, ist ein Spielzeug am besten geeignet, das wir und der Hund gemeinsam festhalten können.

Als ersten Schritt wecken wir nun das Interesse unseres Hundes. Dabei drängen wir ihm das Spielzeug nicht auf, falls er nicht sofort darauf reagiert – damit würden wir genau das Gegenteil erreichen.

Ähnlich wie bei kleinen Kindern ist manches Spielzeug uninteressant, steht es zur freien Verfügung. Will aber ein anderes Kind eben dieses Spielzeug haben, wird es plötzlich doch sehr interessant.

Denken Sie daran und tun Sie so, als seien Sie selbst ganz furchtbar an diesem Spielzeug interessiert. Werfen Sie es in die Luft und fangen es wieder auf. Manchmal ist es auch hilfreich, wenn eine zweite Person uns das Spielzeug entreißt und damit wegläuft. In den allermeisten Fällen zeigt dies schnell Wirkung und der Hund möchte das so begehrte Ding nun auch haben. Darauf haben wir gewartet. Wir strecken unseren Arm mit dem Spielzeug aus, als würden wir dem Hund eine Richtung zeigen. Der Hund darf dem ausgestreckten Arm folgen und das Spielzeug „erbeuten". Dabei können wir auch schon ein paar Meter mit dem Hund zusammen in die gezeigte Richtung laufen.

Unser Hund ist an der Leine, damit er nicht mit seiner Beute davonlaufen kann. Wenn der Hund hochspringt, um an das Spielzeug zu kommen, halten wir den Arm etwas tiefer: Er soll vom Hund aus gesehen nach vorn und nicht nach oben zeigen.

Der Hund sollte am Schluss jedes Mal das Spielzeug aus unserer Hand erbeuten dürfen. Wenn wir mit Futter arbeiten, tun wir ein paar begehrte Leckerchen, wie zum Beispiel gekochtes Hühnchenfleisch in kleinen Würfeln, in einen Behälter, zum Beispiel eine kleine Dose, und nehmen auch ein oder zwei direkt in die Hand. Damit machen wir dieselbe Übung wie mit dem Spielzeug.

Folgt der Hund unserem ausgestreckten Arm mit der Dose, bekommt er am Schluß auch ein Leckerli. Tun Sie ruhig so, als ob es aus der Dose kommt, so bleibt diese für den Hund interessant. (Im folgenden Text schreibe ich der Einfachheit halber immer „Spielzeug" – für die Leckerlidose gilt natürlich sinngemäß dasselbe.)

Sehr wahrscheinlich bereitet dieser Schritt keine Schwierigkeiten. Also können wir unsere Signalwörter einführen: Eines, mit dem wir dem Hund sagen wollen „Guck dahin, wo ich hinzeige" (dieses Wort muss unbedingt ein anderes sein als das für „Guck **mich** an"), und eines für das eigentliche Vorauslaufen („Voran", „Voraus", „Lauf" oder ähnlich).

Anfangs ist es für den Hund einfacher, das Handzeichen auf Augenhöhe zu bekommen. Und los geht's.

Wenn wir das nächste Mal die Vorübung mit dem Hund machen, sagen wir das Signalwort (zum Beispiel „Da" oder „Pass auf"), sobald er in die Richtung schaut, in die unser ausgestreckter Arm zeigt. Dabei halten wir die Leine kurz, sodass er noch nicht loslaufen kann. Wenn wir merken, dass er laufen will, sagen wir das „Voraus"-Wort und lassen die Leine gleichzeitig locker, damit er losrennen kann. Nach ein paar Wiederholungen wird er anfangen, die Worte mit den Handlungen zu verknüpfen. Wenn wir einmal nicht sicher sind, ob der Hund gleich **wirklich** schaut oder losläuft, sagen wir sicherheitshalber kein Signalwort, damit unser Hund mit diesem Wort nicht etwas Falsches verknüpft.

Die nächsten Schritte sind nun eine allmähliche Steigerung der gelaufenen Strecke. Dann ist es an der Zeit, dass Sie am Schluss der Strecke ein schnelles „Platz" vom Hund verlangen, bevor er seine „Beute" bekommt. Die Betonung liegt auf „schnell"; wenn wir das Gefühl haben, dass der Hund sich nicht wirklich blitzartig hinlegt, wenn wir das Signal geben, üben wir dies lieber noch einmal getrennt von der Vorausschick-Übung.

Das schnelle Hinlegen können wir beim Vorausschicken dadurch unterstützen, dass wir gleichzeitig mit unserem Signalwort „Platz" die Hand mit dem Spielzeug/ Lekkerli blitzartig nach unten auf den Boden bringen. Dies tun wir möglichst freudigerregt, als ob es ein ganz neues Spiel ist, mit dem wir unseren Hund überraschen.

Das Spielzeug/Leckerli halten wir so, dass der Hund es nicht greifen kann, wenn er nicht liegt. Manche Hunde gehen nämlich nur in eine Spielhaltung: Vorne liegen sie, während das Hinterteil noch in die Höhe ragt. Drücken Sie nicht an Ihrem Hund herum und wiederholen Sie auch nicht das Hörzeichen für „Platz". Sie wollen schließlich, dass der Hund sich **sofort** hinlegt, nicht erst nach zweimaliger Aufforderung.

Klappt es nicht gleich beim ersten Mal, bekommt der Hund eben diesmal keine Belohnung, dafür aber eine neue Chance. Wenn er wirklich das Spielzeug haben will, wird er schnell merken, was er dafür tun muss, und sich hinlegen. Stellen Sie sich selbst auf eine blitzartige Reaktion ein: Sobald nämlich Ihr Hund liegt, bekommt er **sofort** aus Ihrer Hand seine „Beute", verbunden mit Ihrem Auflösungswort „Frei" oder ähnlich, damit er keine Zweifel hat, ob er noch liegen bleiben soll oder spielen darf. Spielen Sie ruhig selbst mit, damit er ganz sicher ist.

Diese Übung machen wir nie zu oft hintereinander, höchstens ein paarmal, und hören auf, wenn sie gut geklappt hat. Sonst könnte es passieren, dass der Hund gar nicht mehr so schnell und freudig vorwärts läuft, weil er am Ende der Strecke schon das „Platz" erwartet. Wir lassen ihn zwischendurch auch ruhig wieder die Beute bekommen, ohne das Hinlegen zu verlangen.

Gelingt dieser Übungsschritt – schaut der Hund also auf ein Signalwort in die gezeigte Richtung, läuft auf ein weiteres Wort schnell in dieselbe und legt sich sofort hin, wenn wir es sagen, dann verlängern wir allmählich die Strecke, die der Hund laufen soll. Wir können auch sein Spielzeug schon dorthin legen, wo er nachher Platz machen soll, müssen aber aufpassen, die Kontrolle zu behalten.

Bei einem schnellen Hund ist das nicht immer einfach! Unser Signalwort „Platz" muss rechtzeitig kommen; dabei müssen wir auch den „Bremsweg" unseres Hundes berücksichtigen! Wir stellen uns anfangs so, dass wir notfalls einen Fuß auf das Spielzeug stellen können, falls der Hund versucht, es sich zu schnappen, bevor er liegt. Sind wir sicher, dass der Hund sich

Diese Greyhound-Border-Collie-Mix-Hündin ist schon ein Profi bei der Vorausschick-Übung.

zuverlässig legt, ohne zu versuchen, das Spielzeug vorher zu nehmen, können wir uns allmählich immer weiter vom „Zielpunkt" entfernt aufstellen. Falls das große Schwierigkeiten bereitet, ist eine Hilfsperson nützlich, die an unserer Stelle das Spielzeug kontrollieren kann.

Manche Hunde sind so versessen auf ihr Spielzeug, dass es schwer fällt, die Kontrolle auch aus einiger Entfernung zu behalten. Bei derart spielzeugverrückten Hun-

den ist es vielleicht nötig, das Spielzeug erst dem Hund zuzuwerfen, sobald er liegt. Hundeausbildung nur „nach Schema F" kann nicht funktionieren – schließlich haben wir es mit lebenden Wesen zu tun. Manchmal ist ein bisschen Kreativität nötig, um für den eigenen Hund die geeignete Methode zu finden.

Ihnen ist sicher aufgefallen, dass bei allen bisherigen Ausbildungsschritten immer ein Beuteobjekt am Ziel war. Bei einer Prüfung ist das nicht der Fall. Wie kann man aber erreichen, dass der Hund trotzdem noch losläuft, auch wenn er nirgends etwas liegen sieht? Dazu muss Vertrauen aufgebaut werden. Der Hund muss einfach wissen: „Wenn ich in die gezeigte Richtung laufe, werde ich belohnt."

Zunächst können wir dafür sorgen, dass das Spielzeug für den Hund nicht mehr gleich zu sehen ist. Eine Möglichkeit ist es, das Spielzeug in hohes Gras zu legen oder die Farbe so auszuwählen, dass sie sich kaum vom Untergrund abhebt. Nach ein paar Wiederholungen mit diesem Übungsaufbau wird der Hund wissen, dass er uns vertrauen kann. Wenn er in die Richtung läuft, in die wir zeigen, „taucht auch die Belohnung auf".

Eine gute Möglichkeit ist es auch, mehrere Spielzeuge zu verwenden. Stellen Sie sich vor, Sie stehen mit Ihrem Hund in der Mitte einer Wiese. Lassen Sie Ihren Hund nun bleiben (notfalls anbinden) und gehen Sie mit einem Spielzeug nach links.

Der Hund soll Ihnen dabei zusehen, wie Sie das Spielzeug in einiger Entfernung auf den Boden legen. Nun gehen Sie wieder zurück zu Ihrem Hund.

Mit einem weiteren Spielzeug gehen Sie nun nach rechts – in die entgegengesetzte Richtung wie zuvor – und legen dort auch ein Spielzeug auf den Boden. Gehen Sie wieder zurück zu Ihrem Hund. Der hat höchstwahrscheinlich noch das rechte Spielzeug im Auge, das Sie zuletzt hingelegt haben.

Zeigen Sie aber nun in die andere Richtung, nach links, und schicken Sie ihn dorthin voraus. Diese Übung kann man mit mehreren Spielzeugen noch weiter ausbauen. Auf diese Weise lernt der Hund allmählich, auch in eine andere Richtung zu laufen als dorthin, wo er ganz sicher etwas vermutet.

Das Ganze kann man schließlich noch steigern, indem man schon vorbereitend einiges Spielzeug auslegt, ohne dass der Hund es sieht. Natürlich muss man sich dann gut merken, wo was liegt…

Schließlich, wenn das Hinlegen aus voller Fahrt zuverlässig klappt, lassen wir den Hund an unterschiedlichen Stellen zwischen Start- und Zielpunkt Platz machen, damit er nicht lernt, er soll sich erst hinlegen, wenn er beim Spielzeug angekommen ist. Legt er sich auf unser Signal rasch hin, geben wir ihn als Belohnung sofort „frei" und rennen vielleicht mit ihm um die Wette zu seinem Spielzeug.

Bald wird der Hund uns vertrauen und ohne zu zögern in die gezeigte Richtung laufen.

Für diese Vorausschick-Übung ist das Prinzip der Zufallsbelohnung ein guter Weg, das heißt, wir können anfangen, nicht immer am Ende der Laufstrecke den Hund zu belohnen, sondern manchmal auch erst nach zwei oder drei erfolgreichen Übungen. Wir können auch ein Spielzeug ans Ende der Strecke legen oder es erst dem Hund zuwerfen, wenn er sich hingelegt hat.

Diese Art von Belohnung eignet sich auch sehr gut dazu, das **Liegenbleiben** zu üben: Bisher haben wir ja immer das schnelle Legen des Hundes **sofort** belohnt; dann durfte er wieder aufstehen und spielen.

In der Prüfung ist aber die Vorausschick-Übung nicht mit dem Hinlegen beendet, sondern geht noch weiter. Unser Hund muss also lernen, so lange liegen zu bleiben, bis wir ihn rufen. Dazu warten wir einfach immer ein bisschen länger, bevor wir belohnen. Unser Hund läuft also voraus, wir sagen „Platz" und er legt sich hin. Statt sofort zu belohnen, warten wir einen kleinen Moment. Dann belohnen wir wie gewohnt (steht der Hund auf, bekommt er natürlich nichts).

Die Zeitspanne zwischen Hinlegen und Belohnung wird allmählich verlängert. Bereitet das keine Schwierigkeiten mehr, bauen wir weitere Schwierigkeiten ein; wir stehen beispielsweise nicht mehr still, sondern gehen herum und so weiter. Lassen Sie Ihre Fantasie spielen!

Allmählich üben wir auch, vom Hund aus gesehen, aus unterschiedlichen Positionen zu zeigen. Zuerst stehen wir direkt neben dem Hund, dann 1 Meter neben ihm, dann allmählich immer weiter weg, gegenüber vom Hund und so weiter, bis unser Hund sich wirklich – egal, wo wir stehen – von uns in eine beliebige Richtung dirigieren lässt.

So vorbereitet können wir schließlich das letzte Element üben, nämlich das Vorausschicken zu einem Kegel (Pylone). Sie erinnern sich: In der Prüfung soll der Hund neben diesem Kegel stehen bleiben. Wenn er schon das „Steh" auf Hörzeichen beherrscht, wird dies wenig Schwierigkeiten bereiten. Wir können einfach in die Richtung zeigen und, wenn der Hund am Kegel angekommen ist, „Steh" sagen. Das ist – zugegeben – der Idealfall.

Lhasa-Apso-Hündin „Jule" ist zur Pylone vorausgeschickt worden und wartet dort auf weitere Anweisungen.

Viele Ausbilder bringen ihren Hunden mithilfe von Futter bei, zum Kegel zu laufen: Dort liegt dann einfach ein Leckerli. Das klappt auch ganz gut, nur bringt es oftmals das Problem mit sich, dass die Hunde anfangen, am Kegel zu schnuppern und das Futter zu suchen, statt stillzustehen.

Wenn wir das „Futterprinzip" verwenden wollen, müssen wir daher sehr sorgfältig vorgehen, um diesem Problem vorzubeugen. Analog zur „Platz-Übung" beim Vorausschicken können wir beispielsweise das Futter erst geben, wenn der Hund am Kegel stillsteht und uns ansieht.

Nun üben wir, den Hund aus dieser Position (neben dem Kegel stehend) wieder vorauszuschicken. Erst aus dichter Entfernung, dann von immer weiter weg. Wenn all diese Schritte klappen, können wir einmal ausprobieren, alle Einzelteile zur kompletten Übung zusammenzufügen: Wir stellen uns mit unserem Hund auf, schicken ihn zum Kegel, dort soll er stehen bleiben und uns ansehen. Nach

einem kurzen Moment schicken wir ihn nach links oder rechts wieder voraus, um schließlich „Platz" zu sagen.

In der Prüfung kommt nun noch der Schlussteil: Wir müssen, vom Richter dirigiert, gehen, während der Hund liegen bleibt. Dann wird der Hund in die Freifolge gerufen. Wenn wir dies schon gesondert geübt haben (siehe: Abschnitt Abrufen), können wir auch diesen letzten Teil schon hinzufügen.

Machen Sie aber nicht den Fehler, von nun an immer die komplette Übung von vorn bis hinten durchzuexerzieren. Üben Sie vielmehr weiterhin die einzelnen Schritte, auch durcheinander, damit der Hund nicht die Reihenfolge auswendig lernt und anfängt, den nächsten Schritt vorwegzunehmen. Dadurch, dass wir immer nur die Einzelteile üben, sorgen wir dafür, dass sich keine Fehler einschleichen, und außerdem bleibt die Übungsstunde für alle Beteiligten abwechslungsreich.

Vorausschicken gelehrt auf die elegante Art:
Border Collie „Silas" hat gelernt, die Spitze eines Stabs auf ein Hörzeichen mit der Nase zu berühren. Anfangs wird der Stab in der Hand gehalten, dann in den Boden gesteckt. Berührt der Hund ihn auch da, kann man sich allmählich immer weiter vom Stab entfernen. Frauchen läuft anfangs noch ein Stück mit, später kann Silas es schon allein.

WAS TUN, WENN ...

Der Hund zögert beim Vorauslaufen
oder legt sich sogar schon vor dem
Signalwort hin:

Das passiert relativ häufig, besonders bei
sensiblen Hunden. Üben Sie häufig das
Vorausschicken, ohne dass der Hund sich
am Ende hinlegen muss. Wenn Sie bemerken, dass Ihr Hund zögert, können Sie
selbst losrennen, dem Hund das Spielzeug
vor der Nase wegschnappen und weiter-
rennen, nach dem Motto „Ätsch, ich war
schneller als du!". Das muss sehr locker
und fröhlich ablaufen, lassen Sie sich auf
keinen Fall etwaigen Ärger anmerken, das
würde den Hund nur noch mehr verunsichern.

Der Hund greift sich das Spielzeug
und legt sich erst dann hin oder
läuft sogar damit weg:

Wahrscheinlich haben Sie zu früh auf die
Kontrolle verzichtet. Üben Sie an der Leine, damit der Hund keine Möglichkeit hat,
mit dem Spielzeug zu entkommen. Werfen
Sie dem Hund das Spielzeug erst zu, sobald er liegt, oder benutzen Sie eine Dose
mit Leckerli, um überschießenden Reaktionen vorzubeugen. Auch eine Hilfsperson kann gute Dienste leisten, die das
Spielzeug kontrolliert und – wenn nötig –
schnell den Fuß darauf stellt.

Der Hund legt sich zwar hin,
steht aber sofort wieder auf:

Zögern Sie die Belohnung hinaus. Steht
der Hund auf, gibt es nichts. Geben Sie
ihm eine neue Chance, wenn er auch nur
einen Moment länger liegen bleibt als

sonst, belohnen Sie ihn. Diese Zeitspanne
verlängern Sie allmählich. Üben Sie
zwischendurch auch das Platz-Bleib (ohne
vorheriges Vorausschicken).

Der Hund bleibt am Kegel
nicht stehen, sondern legt sich hin:

Sind Sie vielleicht zu schnell vorgegangen
in der Ausbildung? Wahrscheinlich hat Ihr
Hund das Vorausschicken schon automatisch mit Hinlegen am Ende verknüpft.
Üben Sie das Stehen noch einmal gesondert, um sicherzugehen, dass Ihr Hund das
Signalwort wirklich versteht. Lassen Sie
ihn auch öfter einmal aus der Bewegung
stehen bleiben, zum Beispiel wenn er auf
einem Spaziergang vor Ihnen läuft. Vermeiden Sie es, die Vorausschick-Übung
komplett durchzuführen. Gehen Sie nur
die Einzelteile durch, auch in veränderter
Reihenfolge oder einfach in andere Übungen eingestreut. Üben Sie, wenn Sie schon
so weit sind, auch einmal die Distanzkontrolle neben einem Kegel. Gehen Sie
gemeinsam mit Ihrem Hund zum Kegel
und lassen ihn dort stehen. Vergessen Sie
nicht die Belohnung!

Der Hund bleibt am Kegel
nicht/nur kurz stehen und läuft weiter:

Vielleicht haben Sie die Übung zu oft
komplett durchgeführt und Ihr Hund weiß
schon, was als Nächstes kommt. Machen
Sie häufiger die Einzelübung „zum Kegel
vorausschicken" und belohnen Sie den
Hund dort (natürlich nur, wenn er stehen
bleibt). Bauen Sie, genau wie beim Liegenbleiben am Ende der Strecke, die Zeitspanne allmählich aus, das heißt, der Hund

muss immer länger stehen bleiben, bevor die Belohnung kommt. Meiner Erfahrung nach eignet sich für die Steh-Übung Futter besser als Spielzeug, weil der Hund durch Spielzeug leicht dazu verleitet wird, die Steh-Position zu verlassen. Aus dem Stand ist ein Schritt viel schneller getan als aus dem Liegen.

ÜBUNGSTIPPS FÜR DEN ALLTAG:

Auf dem täglichen Spaziergang bieten sich viele Möglichkeiten, das Vorausschicken zu üben. Ein paar Beispiele:

· Lassen Sie beim Gehen unbemerkt ein Spielzeug fallen, gehen ein Stück weiter und rufen den Hund zu sich. Zeigen Sie in die Richtung, in der das Spielzeug liegt und schicken Sie den Hund. Wenn Sie möchten, lassen Sie ihn Platz machen, das muss aber nicht immer sein – die Freude am schnellen Vorauslaufen muss immer gewahrt bleiben.

· Sagen Sie zwischendurch einfach „Steh" – egal, was Ihr Hund gerade tut oder wo er läuft. Bleibt er stehen, bekommt er eine Belohnung. Dies kann man steigern, indem vom Hund verlangt wird, eine gewisse Zeit stehen zu bleiben. Gehen Sie dabei auf den Hund zu. Stecken Sie die Hand in die Tasche und nehmen Sie ein Leckerli heraus. Macht Ihr Hund dann einen Schritt auf Sie zu, stecken Sie das Leckerli demonstrativ wieder ein – „leider verloren". Neues Spiel, neues Glück – der Hund bekommt eine neue Chance. Wenn Sie konsequent sind, wird er schnell merken, worauf es ankommt.

· Wenn Sie mit Ihrem Hund Ball spielen, führen Sie einmal folgende Variante ein: Tun Sie so, als ob Sie werfen. Läuft Ihr Hund daraufhin ein Stück voraus, geben Sie ihm das Signalwort „Platz". Legt er sich hin, werfen Sie den Ball und lassen ihn laufen. Legt er sich nicht, wird auch kein Ball geworfen. Lässt Ihr Hund sich nicht hereinlegen und läuft nicht, wenn Sie nicht wirklich werfen, können Sie ihn natürlich auch einfach ein Stück vorausschicken und dann entsprechend vorgehen.

Dies sind nur wenige Beispiele. Strengen Sie Ihre Fantasie an: Ihnen fallen bestimmt noch viele andere Möglichkeiten ein.

VORSICHT, FALLE!
– HÄUFIGE FEHLER UND
WIE MAN SIE VERMEIDEN KANN:

Vielerorts wird das Vorausschicken auf eine andere Methode geübt: Es wird einfach ein Spielzeug geworfen oder hingelegt und der Hund dorthin geschickt. Meist läuft der Hund dabei von Anfang an eine größere Strecke und der Besitzer hat keinerlei Kontrolle, was am Ende dieser Strecke passiert.

Die Mehrzahl der Hunde wird wahrscheinlich erst das Spielzeug nehmen und sich dann – vielleicht – hinlegen, wenn die Anweisung kommt. Allenfalls wird eine lange Leine benutzt, um den Hund zu stoppen.

Dies bringt oft Probleme mit sich: Der Hund sieht keinen Grund, sich schnell hinzulegen (die Belohnung bekommt er ja auch so, er braucht sie nur zu nehmen). Liegt dann irgendwann kein Spielzeug da, fangen viele Hunde an zu suchen („erst wenn ich mein Spielzeug habe, lege ich mich hin"). Oder sie erwarten am Ende der Strecke schon einen Leinenruck und fangen an zu zögern, wenn die Leinenlänge erreicht ist.

Diesen Problemen können Sie vorbeugen, wenn Sie den oben beschriebenen Übungsaufbau verwenden. Haben Sie mit Ihrem Hund schon eine andere Ausbildung durchlaufen und es haben sich dabei Probleme eingeschlichen, fangen Sie am besten noch einmal ganz neu an. Verwenden Sie auch neue Hörzeichen, weil der Hund die alten höchstwahrscheinlich nicht mehr ganz unbefangen verknüpfen kann.

5. DISTANZKONTROLLE

WAS WIRD VERLANGT?
Distanzkontrolle bedeutet, dass der Hund von seinem Hundeführer aus der Entfernung verschiedene Signale erhält, auf die er, ohne sich von der Stelle zu bewegen, jeweils die verlangte Position (Sitz, Platz oder Steh) einnimmt. Der Richter bestimmt die Reihenfolge der einzunehmenden Positionen, insgesamt werden bis zu sechs Positionswechsel verlangt.

Konkret sieht die Übung so aus, dass der Hundeführer mit seinem Hund zu einem markierten Feld geht und den Hund dort lässt. Zur Übung gehört, dass der Hund in keiner Richtung mehr als eine Körperlänge von der Ausgangsposition abweichen darf, daher ist das Feld zum Beispiel durch zwei Kegel gekennzeichnet. Dies erleichtert dem Richter die Kontrolle darüber, ob

der Hund sich bei der Übung von seinem Ausgangspunkt bewegt hat. Der Hundeführer geht nun etwa 20 Schritte weiter und stellt sich zu seinem Hund gewandt auf. Hinter dem Hund steht ein Helfer, der eine drehbare Anzeige hält.

Auf Anweisung des Richters zeigt dieser Helfer dem Hundeführer die jeweils mit der entsprechenden Position (Sitz/Platz/Steh) beschriftete Seite. Der Hundeführer gibt seinem Hund das entsprechende Hör- oder Sichtzeichen, woraufhin der Hund rasch die jeweilige Position einnehmen soll.

WIE KANN MAN ES ÜBEN?
Vorbereitung
Bevor wir mit unserem Hund anfangen zu üben, sollten wir uns genau überlegen, welche Hörzeichen und welche Sichtzeichen wir verwenden wollen. Ein wichtiges Kriterium bei dieser Überlegung ist, dass die Signale später vom Hund aus einiger Entfernung gut zu erkennen sein müssen.

Es gibt Hunde, die es kaum abwarten können, das nächste Hörzeichen zu bekommen, und schon die nächste Position eingenommen haben, bevor man mit dem Sprechen fertig ist. Ganz besonders in solchen Fällen ist es von großem Wert, wenn die Hörzeichen sich deutlich voneinander unterscheiden.

Fangen beispielsweise zwei Hörzeichen mit dem selben Buchstaben an (wie beispielsweise „Sitz" und „Steh"), gleicht es bei eifrigen Hunden oftmals einem Lotteriespiel, welche Position sie blitzartig einnehmen, wenn sie diesen Buchstaben hören. Um also nicht in die Lage zu kommen, den Arbeitseifer des Hundes durch unnötige Korrekturen zu bremsen, sollten wir deutlich verschiedene Hörzeichen wählen und es dem Hund dadurch leichter machen. Englischsprachige Obedience-Sportler wählen häufig die Hörzeichen „Sit" (Sitz), „Down" (sprich: „daun" = Platz) und „Back" (sprich: „bäck" = zurück) was für das Steh benutzt wird.

Sind wir uns über die Hörzeichen klar, überlegen wir uns auch geeignete Sichtzeichen. Wenn für jede Position zwei Signale zur Auswahl stehen, die der Hund versteht, kann dies ein großer Vorteil sein. In einer lauten Umgebung könnte zum Beispiel das Hörzeichen in der Geräuschkulisse untergeht. Dann ein Sichtzeichen zur Verfügung zu haben, zahlt sich aus. Ebenso könnte ein Hund zum Beispiel von der Sonne geblendet werden und hat es dann mit einem Hörzeichen leichter.

Wer als Nichteingeweihter schon einmal eine Obedience-Vorführung gesehen hat, fühlte sich bei der Distanzkontrolle auf Sichtzeichen vielleicht ein wenig an einen Fluglotsen erinnert. Für jede Position erhält der Hund ein Signal, beispielsweise ein erhobener rechter Arm für „Platz", ein seitlich ausgestreckter linker Arm für „Sitz" und beide Arme seitlich ausgestreckt für „Steh". Natürlich ist die Wahl der Sichtzeichen dem Hundeführer freigestellt, aber sie sollten so klar sein, dass sie für den Hund auch aus einiger Entfernung noch gut zu sehen sind.

Die Praxis:
Voraussetzung für die Distanzkontrolle ist natürlich, dass der Hund die entsprechenden Positionen und die dazugehörigen Hör- und/oder Sichtzeichen kennt. Ganz klar ebenso, dass nicht gleich aus der Entfernung geübt werden kann, wo sich der Hund außerhalb unserer Reichweite befindet und wir ihm nicht helfen können.

Es gibt sicherlich viele Techniken, wie man einem Hund beibringen kann, sich zu setzen, zu stehen oder sich hinzulegen. Und solange diese Methoden freundlich sind und nicht das gute Verhältnis zwischen Mensch und Hund gefährden, gibt es keinen Grund, sie zu ändern. All denjenigen, die Click & Treat beherrschen, bietet sich hier wieder ein dankbares Anwendungsfeld.

Für die meisten Hunde ist die einfachste Position das Sitz. Die kann man sehr leicht erreichen, ohne den Hund auch nur zu berühren: Wir manövrieren spielerisch den angeleinten Hund so, dass er sich vor uns befindet. In der rechten Hand halten wir die Leine, in der linken ein Leckerli oder Spielzeug. Nun strecken wir den linken Arm seitlich aus (ähnlich, wie später unser Sichtzeichen aussieht) und gehen mit ausgestrecktem Arm auf den Hund zu. Wenn wir das Leckerli/Spielzeug über seinen Kopf nach hinten führen, wird der Hund ihm mit der Nase folgen, dabei den Kopf hoch- und folgerichtig das Hinterteil nach unten bewegen – schon sitzt er.

Sobald wir die Bewegung ansatzweise sehen, geben wir unser Hörzeichen dazu, und wenn der Hund sitzt, erhält er sofort seine Belohnung.

Dies kann man noch ein paarmal wiederholen (zwischendurch immer wieder mit Spiel die Übung auflockern), dann reicht es erst einmal.

Wenn der Hund mithilfe von über die Nase gehaltenen Lekkerli gelernt hat, aus dem Liegen in die Sitzposition zu kommen, kann dieses Handzeichen auch aus größerer Entfernung für die Distanzkontrolle benutzt werden.

Wie bei jeder Lektion müssen wir darauf achten, immer mit einem positiven Ereignis aufzuhören. Der Hund wird sich am ehesten an das erinnern, was wir zuletzt getan haben, und wenn das ein frustrierendes Erlebnis für ihn war, wird er beim nächsten Mal schon weniger Lust haben, mit uns zu üben.

Sollte es einmal vorkommen, dass der Hund eine neue Übung einfach nicht begreifen will, dann ist es das Beste, ihn etwas ausführen zu lassen, was er gut beherrscht, ihn dann ordentlich zu loben und mit ihm zu spielen und damit die Übungseinheit zu beenden.

So manches „Brett vor dem Kopf" hat sich auf diese Weise schon in Luft aufgelöst!

Wenn wir nach ein paar Übungen das Gefühl haben, unser Hund weiß, was er tun soll, können wir versuchen, die Anforderungen **langsam** zu steigern. So kann man beispielsweise auf die Leine verzichten, einmal das Sichtzeichen ganz weglassen oder einmal das Hörzeichen, und wenn der Hund sich auf der Stelle setzt, können wir uns langsam etwas vom Hund entfernen.

Aber Achtung! Viele Hunde haben die Tendenz, sich erst zu setzen, nachdem sie uns ein Stück entgegengekommen sind. Ist das der Fall, müssen wir noch mehr Zeit darauf verwenden, dem Hund die Übung aus der Nähe beizubringen. Dabei ist es von Vorteil, beim Geben des Signals einen Schritt auf den Hund zuzugehen oder so zu tun, als wolle man dies tun. Wenn wir sorgfältig vorgehen, wird es nicht lange dauern und der Hund nimmt überall sofort auf unser Zeichen hin die Position Sitz ein.

Diese Lektion kann man übrigens sogar beim Kartoffelschälen in der Küche üben. Ein paarmal täglich ganz kurz ist besser als lange, langweilige Übungsstunden!

Als Nächstes bringen wir dem Hund das Steh bei. Ganz besonders bei dieser Position kommt es immer wieder leicht dazu, dass der Hund nicht auf der Stelle bleibt, sondern uns entgegenkommt.

Es ist ja ein gutes Zeichen, wenn unser Hund bei uns sein will, weil er sich da am wohlsten fühlt, aber diese Übung verlangt es nun einmal anders. So müssen wir dafür sorgen, dass der Hund wirklich auf

Mixhündin „Luna" lernt mithilfe eines ihr entgegengeschobenen Leckerlis, die „Steh"-Position nach rückwärts einzunehmen.

einer Stelle bleibt. Eine guter Weg dorthin ist, eine Rückwärtstendenz einzubauen (dies erklärt auch das „Back").

Ähnlich wie bei der Position Sitz beginnen wir die Übung damit, dass wir den Hund spielerisch an der Leine vor uns manövrieren. Dann gehen wir forsch auf unseren Hund zu, sodass er den Eindruck bekommt, wir wollten direkt durch ihn hindurchgehen. Dabei können wir bereits unser Sichtzeichen (zum Beispiel seitlich ausgestreckte Arme) benutzen. In den allermeisten Fällen wird der Hund nun – je nach Temperament – einen Schritt oder einen Satz rückwärts machen.

In diesem Moment geben wir ihm unser Hörzeichen. Kommt der Hund zum Stillstand, bekommt er sofort seine Belohnung.

Die Rückwärtsbewegung kann man ruhig bis auf ein paar Schritte ausbauen; wenn wir später diese Übung auf Entfernung ausführen, wird das nützlich sein, um die Vorwärtstendenz (also zu uns hin) auszugleichen.

Falls der Hund zur Seite ausweicht, kann man ein Hindernis wie eine Mauer oder einen Zaun benutzen, um diesen Weg zu versperren. Wie bei der Übung Sitz beschrieben, arbeiten wir nun mit zunehmender Sicherheit des Hundes daran, unsere Hilfen weniger werden zu lassen. Wir geben zum Beispiel nur ein Sicht- **oder** Hörzeichen oder lassen den Schritt in Richtung Hund weg.

Ebenso können wir allmählich etwas Entfernung einbauen, aber wirklich erst nach und nach.

Als letzte Position fehlt uns noch das Platz. Das können wir am einfachsten mit einem Leckerli oder Spielzeug üben, das wir in der linken Hand halten. Befindet sich unser Hund vor uns, nehmen wir gleichzeitig den rechten Arm nach oben (Ihr späteres Sichzeichen) und die linke Hand nach unten auf den Boden, leicht in Richtung auf den Hund zu, um auch hier

Das Leckerli wird zwischen die Vorderbeine gelegt. So erreicht man, daß der Hund beim Hinlegen die Vorderbeine nach hinten wegklappt und in Sphinx-Stellung landet. Anfangs ist diese Bewegung für die meisten Hunde ungewohnt und der Rücken wird krumm. Das gibt sich aber schnell von allein, wenn der Hund erst einmal begriffen hat, worum es geht.

wieder die Rückwärtstendenz zu erhalten. Sobald sich der Hund anschickt, sich zu legen, geben wir unser Hörzeichen; liegt der Hund, bekommt er seine Belohnung, es folgen Lob und Spiel.

Allmählich lassen wir nun die Bewegung der linken Hand nach unten immer kleiner werden, bis sie schließlich ganz weggelassen werden kann. Dann bauen wir, wie bei den anderen Positionen beschrieben, immer mehr Sicherheit auch auf Entfernung auf.

Nun beherrscht unser Hund zwar alle drei Positionen auf Sicht- und Hörzeichen, dies bedeutet aber noch lange nicht, dass er sie auch kombinieren kann. Deshalb müssen wir jetzt üben, alle drei Positionen aus jeder anderen einzunehmen. Dabei machen wir es wieder wie zu Anfang bei den einzelnen Positionen: zuerst mit allen erdenklichen Hilfen aus der Nähe, mit zunehmender Sicherheit des Hundes dann mit wachsender Entfernung zum Hund.

Sitz aus dem Steh: Wir bringen den Hund in die Position Steh und gehen dann genauso vor wie bei der Sitzübung beschrieben.

Steh aus dem Sitz: Das ähnelt der Vorgehensweise wie beim Steh beschrieben. Man muss zusätzlich darauf achten, dass der Hund beim Aufstehen nicht „nach vorne kippt", sondern die Hinterbeine sozusagen nach hinten schnellen. Um dem Hund zu helfen, kann man **vorsichtig** mit der Fußspitze seine Hinterpfoten leicht antippen, so wird er leichter begreifen, wie er sich bewegen soll.

„Luna" steht auf ein Handzeichen auf, auch wenn die Hundeführerin einen Schritt weiter entfernt steht.

Platz aus dem Steh: Hierzu bringen wir den linken Arm mit einem Spielzeug oder Leckerli nach unten, und zwar möglichst zwischen die Vorderbeine des Hundes, um wieder die Rückwärtstendenz zu verstärken. Der Hund soll sich mit einer Rückwärtsbewegung hinlegen.

Wenn nötig, können wir mithilfe der Leine (leicht nach hintenunten ziehen) diese Bewegung unterstützen. Das soll aber nicht bedeuten, den Hund an der Leine herunterzuziehen! Hinlegen muss er sich schon allein. Die Leine kann nur helfen, den Bewegungsablauf nach hintenunten zu unterstreichen. In der Regel wird sie ohnehin überflüssig sein, da der Hund von selbst diese Bewegung macht, um das Spielzeug/Leckerli zu erreichen (wenn wir es an die richtige Stelle bringen).

Sitz aus dem Platz: Der Ablauf ist ähnlich wie beim Sitz. Wieder führen wir den ausgestreckten Arm mit dem Spielzeug oder Leckerli über den Hundekopf hinweg nach

Das Handzeichen hilft „Luna", aus dem Platz ins Sitz aufzustehen.

hinten; der Hund wird beim Versuch, es zu erreichen, aufstehen. Dabei müssen wir nur darauf achten, dass er wieder die gewünschte Rückwärtstendenz hat. Wenn nötig, können wir dazu seine Vorderpfoten **leicht** mit dem Fuß antippen, damit er sie nach hinten nimmt und nicht umgekehrt seinen Körper nach vorn. Außerdem gibt es Hunde, die der Bequemlich-keit halber zunächst ganz aufstehen, um sich dann wieder zu setzen. Hier können wir eine leichte Hilfe mit der Leine geben, um dieser Bewegung vorzubeugen.

Platz aus dem Sitz: Auch hier kommt das Spielzeug/Leckerli zum Einsatz, das wir mit der linken Hand zwischen die Vorderbeine des Hundes bringen, damit er der

Blitzartig hat sich „Luna" auf Frauchens Handzeichen gelegt.

Bewegung nach hintenunten folgt. Bei dieser Kombination haben einige Hunde die Tendenz, sich vor dem Hinlegen mit dem Hinterteil vom Boden zu erheben. Wenn unser Hund das tut, müssen wir ihm helfen, den korrekten Bewegungsablauf zu verstehen. Wir können ihm zum Beispiel eine Hand leicht auf den Rücken legen.

Steh aus dem Platz: Am einfachsten üben Sie das, indem Sie das Spielzeug/Leckerli auf Nasenhöhe des Hundes haltend auf ihn zugehen. So wird er wahrscheinlich aus dem Platz aufspringen. Notfalls können wir wieder mit der Fußspitze nachhelfen, indem wir vorsichtig seine Hinterbeine antippen. Sicherheitshalber können wir diese Übung zunächst an der Leine ausführen; dabei halten wir die Leine in der linken Hand, das Spielzeug/Leckerli in der rechten. So können wir, sollte es nötig werden, eine Vorwärtsbewegung des Hundes auch mithilfe der Leine verhindern.

Hunde kennen keine Prüfungsordnungen. Dieser Mix hat seine eigene Vorstellung von Distanzkontrolle.

Tipps:
Wie bei allen anderen Übungen auch müssen wir immer versuchen, die Lektionen kurz und abwechslungsreich zu gestalten. Unser Hund beherrscht nun alle drei Positionen aus jeder anderen Position heraus, und dies außerdem noch auf Entfernung. Eine für Zuschauer sehr beeindruckende Sache.
Umso mehr sollten wir es uns verkneifen, damit anzugeben und es zu übertreiben. Auch wenn diese Positionswechsel dem Hund noch so viel Spaß machen, nutzt sich dieser Spaß schnell ab, wenn wir zu viel verlangen.

Anfangs reicht es vollkommen aus, den Hund eine Position aus einer anderen heraus einnehmen zu lassen (am besten fangen wir mit seinem Lieblingswechsel an), gefolgt von Lob und Spiel. Dann kann man schon einmal zwei Wechsel hintereinander verlangen.
Aber auch hier gilt: Lieber langsam aufbauen – der Spaß geht immer vor!

HÄUFIGE FEHLER:
Wie schon erwähnt, ist der häufigste Fehler bei der Distanzkontrolle, dass sich der Hund langsam, aber sicher auf seinen Hundeführer zubewegt; mit jedem Positionswechsel ein bisschen. Dies führt natürlich zu Punktabzug, und daher bin

Distanzkontrolle kann man auch unterwegs üben. Erhöhte Plätze sind gut geeignet, um einer Vorwärtsbewegung des Hundes vorzubeugen.

auf solche Situationen vorzubereiten. Es kann helfen, eine Wettkampfsituation zu simulieren, und die Person, die hinter dem Hund steht, darf dann auch gern einmal ruhig und freundlich mit unserem Hund reden, sodass er merkt, dass er von dieser Seite nichts zu befürchten hat.

Außerdem müssen wir darauf achten, **wo** unser Hund seine Belohnung erhält. Bekommt er diese immer nur, nachdem wir ihn nach der Übung zu uns gerufen haben, ist es kein Wunder, wenn er versucht, schon ein bisschen eher zu uns zu kommen. Als kleine Hilfe kann man beispielsweise eine Filmdose mit Leckerlis darin in der Nähe des Hundes zurücklassen und nach der Übung dann schnell zum Hund laufen und ihm aus dieser Dose ein Leckerli geben. Auf diese Weise immer sozusagen „in der Nähe seiner Belohnung" wird der Hund viel weniger die Tendenz haben, sich uns zu nähern.

Eines sollten wir auf keinen Fall tun: die Hörzeichen in drohendem Tonfall geben. Denn das würde nur bewirken, dass der Hund sich dort, wo er ist, noch unwohler und unsicherer fühlt als ohnehin schon. So würde sein Bestreben, wieder Ihre sichere Nähe aufzusuchen, erst recht steigen und der Spaß an der Übung wäre auch dahin!

ich beim Einüben der einzelnen Schritte auch immer wieder auf diese Problematik eingegangen. Aber auch Hunde, die sehr sorgfältig ausgebildet worden sind, haben manchmal Probleme, weit weg von ihrem Hundeführer die Übungen in einer Prüfung auszuführen.

Sehr oft liegt das daran, dass der Hund sich unwohl oder unsicher fühlt. Hinter ihm steht plötzlich ein Mensch mit einem Schild und der Hund weiß genau, dass er von diesem sicher keine Leckerlis zu erwarten hat. Unsere Aufgabe als Hundeführer ist es also, im Training unseren Hund

6. SITZ, PLATZ, STEH AUS DER BEWEGUNG

WIE SIEHT DIE ÜBUNG AUS?
Sitz, Platz, Steh aus der Bewegung bedeutet, dass dem Hund aus der Freifolge (während er also bei Fuß geht) die entsprechende

Anweisung (Sitz, Platz oder Steh) gegeben wird und er daraufhin sofort die entsprechende Position einnehmen muss.

Zögerliches Ausführen wird mit Punktabzug bestraft, auch darf der Hund nicht erst noch einige Schritte machen.

Welche Utensilien brauchen wir zum Üben?

Zum Üben brauchen wir nur ein Motivationsmittel, zum Beispiel ein Spielzeug.

Was muss der Hund schon können?

Es liegt auf der Hand, dass der Hund schon die Signalwörter und/oder Sichtzeichen für Sitz, Platz und Steh kennen muss. Leider wird oft vergessen, dass mindestens ebenso wichtig ist, dass der Hund sicher und gern bei Fuß geht.

Das Ergebnis ist dann oft ein ziemliches Durcheinander; der Hund ist verwirrt und der Hundeführer gefrustet. Bitte fangen Sie also erst mit dem Sitz/Platz/Steh aus der Bewegung an, wenn Ihr Hund wirklich sehr gut die Freifolge beherrscht und Spaß an dieser hat.

Natürlich können Sie trotzdem schon vorbereitende Übungen mit Ihrem Hund machen; fördern Sie durch gezieltes Training ganz besonders das schnelle Ausführen dieser Signale (siehe auch Kapitel Sitz, Platz, Steh).

Wie kann man es üben?

Wenn Sie alle Einzelteile, also sowohl das Bei-Fuß-Gehen als auch die einzelnen Positionen sorgfältig geübt haben, sollte das Zusammenfügen eigentlich wenig

Schwierigkeiten bereiten. Bevor Sie Ihren Hund in der Freifolge möglicherweise verunsichern, können Sie folgenden kleinen Test machen:

Nehmen Sie Ihren Hund an die Leine und gehen Sie ganz zwanglos ein kleines Stück mit ihm. Dabei soll er zwar an lockerer Leine gehen, aber nicht korrekt bei Fuß (geben Sie ihm also auch nicht das Hörzeichen dafür!). Aus diesem Gehen heraus geben Sie plötzlich das Hörzeichen für „Sitz", bleiben aber nicht selbst stehen.

Setzt sich Ihr Hund sofort, gehen Sie sofort zu ihm zurück, belohnen ihn und entlassen ihn aus seiner Position. Tun Sie dies möglichst entgegen der vorherigen Laufrichtung, also sozusagen „nach rükkwärts". Dies ist ganz wichtig; fast alle Hunde haben nämlich die Tendenz, noch ein paar Schritte „mitzulaufen", bevor sie sich setzen. Kommt dann auch noch die Belohnung „von vorn" verstärkt man diese Fehlerquelle noch.

Anfangs gehen Sie zum Hund zurück, damit er nicht verleitet wird, seine Position zu schnell zu verlassen. Wenn dies gut klappt, können Sie es sich ein bisschen einfacher machen und ein Spielzeug hinter den Hund werfen, verbunden mit dem „Frei".

Versuchen Sie das auch mit den anderen beiden Positionen Liegen und Stehen. Das Stehen ist erfahrungsgemäß das Schwierigste – aus dem Stand ist es eben leicht, noch schnell einen kleinen Schritt zu machen …

Wenn diese Übungen an lockerer Leine klappen, bauen Sie sie noch einmal genauso auf, diesmal aber geht der Hund vorher

Steh aus der Bewegung: Auf ein Handzeichen bleibt „Cookie" stehen, während Frauchen weitergeht.

bei Fuß. Wenn Sie die Möglichkeit haben, bitten Sie jemanden um Hilfe, der Ihnen ein Zeichen gibt, sobald der Hund die verlangte Position eingenommen hat.

So können Sie von vornherein vermeiden, sich zum Hund zu drehen, um nachzusehen. Allzu leicht könnte er nämlich dieses Herumdrehen mit in die Übung einbeziehen und wäre verwirrt, wenn es plötzlich in einer Prüfung wegfiele.

Vereinbaren Sie ein Zeichen, mit der der Freund Ihnen mitteilt, wenn der Hund sitzt, steht oder liegt. Wenn Sie mit dem Clicker arbeiten, kann der Freund auch clicken. Sie reagieren dann sofort darauf, indem Sie Ihr Spielzeug hinter den Hund werfen und ihn freigeben.

Bald wird der Hund merken, dass es sich lohnt, schnell die gewünschte Position einzunehmen, denn es folgt auch schnell eine

Belohnung. Wird sie weiter dem Hund von hinten erteilt, verliert er das Bedürfnis, Ihnen weiter zu folgen.

Haben Sie niemanden, der Ihnen hilft, können Sie sich vielleicht mit einem Spiegel behelfen. Ist auch das nicht möglich, denken Sie zumindest daran, keine auffälligen Körperbewegungen wie Kopfdrehen zu machen, um Ihren Hund zu beobachten.

Probieren Sie aus, wie Sie den Kopf halten müssen, damit Sie den Hund noch aus dem Augenwinkel sehen können, und starten Sie schon mit dieser Kopfhaltung.

Bereitet dieser Ausbildungsschritt keine Schwierigkeiten mehr, arbeiten Sie daran, den Hund die Position länger beibehalten zu lassen. Dazu zögern Sie die Belohnung immer weiter hinaus. Erhielt der Hund sie anfangs noch sofort nach dem Setzen,

Hinlegen oder Stehenbleiben, warten Sie jetzt einen kleinen Moment länger, bevor Sie belohnen. Verlässt der Hund seine Position, bleibt natürlich auch die Belohnung aus.

Steigern Sie die Anforderungen schrittweise und gehen Sie niemals zum nächsten Schritt, wenn der aktuelle noch nicht hundertprozentig klappt.

WAS TUN, WENN ...
Der Hund geht immer noch
ein paar Schritte weiter,
bevor er die Position einnimmt:
Ganz ehrlich: Haben Sie wirklich die oben beschriebenen Schritte sorgfältig befolgt und nichts überhastet? Vielleicht haben Sie auch die Übung mit Ihrem Hund schon früher einmal versucht und er hat falsche Dinge damit verknüpft.

Ist dies der Fall, fangen Sie einfach noch einmal ganz von vorne an. Achten Sie ganz besonders darauf, wo und wann Sie Ihren Hund belohnen.

Viele Hundeführer, die dieses Problem haben, rufen Ihren Hund aus der Position ab und belohnen ihn erst dann. Dadurch möchte der Hund natürlich möglichst schnell zum Hundeführer, denn dort gibt es die Belohnung. Achten Sie darauf, die Belohnung **hinter** den Hund zu werfen.

Der Hund nimmt
die Position nicht richtig ein:
Vielleicht gehört Ihr Hund zu denen, die es nicht erwarten können, bis die Belohnung kommt. Achten Sie sehr sorgfältig auf Ihr Timing. Belohnen Sie nie zu früh, wenn der Hund zum Beispiel noch

mit dem Hinterteil in der Luft ist statt auf dem Boden. Eine Hilfsperson ist hier sehr nützlich.

Haben Sie das Gefühl, dass das Werfen der Belohnung den Hund zu sehr aufregt, können Sie vorbereitend ein Spielzeug auf den Boden legen. Gehen Sie dann mit Ihrem Hund an diesem Spielzeug vorbei und geben ein paar Schritte weiter das Signal für die Position. Nimmt Ihr Hund sie ein, geben Sie ihn frei und lassen ihn zum Spielzeug laufen.

Dieser Übungsaufbau ist aber nur zu empfehlen, wenn Sie schon gute Kontrolle über Ihren Hund haben und sicher sind, dass er nicht einfach direkt zum Spielzeug läuft.

Der Hund legt sich hin,
wenn er sitzen soll:
Achten Sie auf Ihren Tonfall. Er sollte immer gleich klingen. Besonders vor Zuschauern oder in einer Prüfung fallen die Hörzeichen oft etwas betonter aus als im normalen Training. Vielleicht empfindet Ihr Hund dies als Druck und legt sich vorsichtshalber einmal hin.

Bitten Sie einen Freund, Sie zu beobachten und besonders auf Ihre Körperhaltung und den Tonfall zu achten. Noch besser wäre es, er könnte Sie gleich auf Video filmen, dann können Sie sich selbst kritisch anschauen.

Wenn Sie das Gefühl haben, dass Sie beständig genug in Ihren Signalen sind, hat vielleicht Ihr Hund noch Schwierigkeiten dabei, die Positionen auseinander zu halten. Üben Sie alle noch einmal gesondert.

Nach dem Abrufen soll der Hund gerade vorsitzen. In der Prüfung muss der Hundeführer mit seitlich angelegten Armen aufrecht stehen und darf dem Hund keine Hilfen geben.

7.ABRUFEN

WIE SIEHT DIE ÜBUNG AUS?

Abrufen gibt es im Obedience in mehreren Variationen. Die zwei Grundformen sind: Abrufen zum Vorsitzen und Abrufen in die Freifolge.

Ersteres bedeutet, der Hund wird an einem Ort zurückgelassen, meist im Liegen, der Hundeführer geht dann weiter. Nach einem gewissen Abstand, der abhängig von der Schwierigkeitsstufe

relativ kurz oder länger sein kann, stellt sich der Hundeführer mit dem Gesicht zum Hund auf und ruft, wenn der Richter es sagt, den Hund zu sich. Dieser soll sich in schneller Gangart nähern und sich dann gerade und dicht vor den Hundeführer setzen.

Auf weitere Anweisung des Richters gibt der Hundeführer seinem Hund dann das Signal, in die Grundstellung zu kommen (sich also gerade und dicht links neben den Hundeführer zu setzen).

In den höheren Klassen kommt noch eine weitere Schwierigkeit hinzu: Auf etwa 1/3 der Strecke gibt der Hundeführer dem herannahenden Hund das Signal zum Stehenbleiben.

Dann wird der Hund wieder gerufen, um nach einem weiteren Drittel der Strecke die Anweisung zum Hinlegen zu bekommen. Erst dann soll er, auf weiteres Signal des Hundeführers, ganz zu diesem kommen und die Übung wie oben beschrieben beenden.

Eine andere Variante des Abrufens kommt in der Übung „Vorausschicken" vor: Der Hund wird zu einer markierten Stelle vorausgeschickt und muss sich dort hinlegen. Dann gibt der Richter dem Hundeführer die Anweisung zu gehen.

Genau wie in der Leinenführigkeit/Freifolge sagt der Richter die Gangart und alle Richtungswechsel jeweils an.

Während der Hundeführer sich so bewegt, soll er – auf Anweisung des Richters – den Hund zu sich rufen, ohne selbst stehen zu bleiben. Der Hund soll wieder in schneller Gangart zum Hundeführer laufen und sich ihm bei Fuß anschließen.

Beide gehen dann weiter, wie der Richter sie anweist, bis er die Übung, meist mit einer Grundstellung, beendet.

WELCHE UTENSILIEN BRAUCHT MAN ZUM ÜBEN?

Wie schon aus der Beschreibung der Übung hervorgeht, wird viel Wert auf ein **schnelles** Herankommen des Hundes gelegt. Um genügend Motivation zu schaffen, ist ein Spielzeug sehr von Vorteil.

WAS MUSS DER HUND SCHON KÖNNEN?

Es ist von Vorteil, wenn der Hund schon die Übung „Sitz" beherrscht, unbedingt nötig ist aber auch dies nicht. Auch ein Signalwort zum Blickkontakt-Herstellen ist nützlich.

Das wichtigste ist aber, dass der Hund **gern** zu uns kommt. Es darf sich bei ihm nicht der Gedanke festsetzen „Kommen bedeutet: Spaß beendet".

Für die vollendete Abrufübung muss der Hund auch Vorsitzen und Grundstellung beherrschen, dies können wir gesondert vom Abrufen schon einmal üben.

Perfektes Vorsitzen

WIE KANN MAN ES ÜBEN?

Den Kernteil der Abrufübung, nämlich das schnelle **Herankommen**, ist im Abschnitt „Kommen auf Zuruf" bei den Grundübungen ausführlich beschrieben. Bei diesem Kommen wird noch kein Wert auf korrektes **Vorsitzen** gelegt; dies ist der nächste Übungsschritt:

Zunächst müssen wir unserem Hund zeigen, was Vorsitzen überhaupt ist. Dazu müssen wir ihn aber nicht extra rufen. Am einfachsten lassen wir ihn sich setzen und stellen uns gerade vor ihn. Unsere Arme sollten wir dabei schon so halten, wie es in der Prüfung verlangt wird; in der Regel bedeutet dies, die Arme sind seitlich am Körper angelegt.

Kennt unser Hund ein Signalwort zum Uns-Anschauen (zum Beispiel „Guck"), geben wir dies. Nun haben wir – rein optisch – ein perfektes Vorsitzen erreicht.

Wir lassen den Hund jeweils nur kurz in dieser Position und belohnen ihn dann. Hierbei sollten wir von vornherein darauf achten, dass die Belohnung nicht immer nur

Leonbergerrüde „Hogan" bekommt eine Körperhilfe zum richtigen Vorsitzen.

wir den Hund ermuntern, uns zu folgen und sich wieder gerade vor uns zu setzen („Hier"). Wenn nötig, helfen wir vorsichtig mit der Leine oder locken ihn mit einem Spielzeug oder Leckerchen in die richtige Position.

Wichtig ist, dass wir von vornherein dafür sorgen, dass er sich gleich beim ersten Mal gerade hinsetzt. Manchmal muss man dazu ziemlich flink sein, aber wir sollten um jeden Preis verhindern, dass der Hund sich schief setzt und dann korrigiert werden muss. Sonst könnte es sein, dass er denkt, das Signal „Hier" bedeutet: kommen, schief setzen, noch mal aufstehen, dann gerade setzen.

Wir sollten versuchen, möglichst wenig körperlich auf den Hund einzuwirken und auch selbst stillzustehen. Unsere Energie können wir viel besser darauf verwenden, die Übung von vornherein richtig aufzubauen und dem Hund kaum Möglichkeiten zu geben, etwas falsch zu machen.

Bei Hunden, die dazu neigen, sich schief zu setzen, können wir zum Beispiel einen Zaun oder eine Mauer zu Hilfe nehmen, damit der Hund nicht seitlich ausweichen kann. Wenn nötig, kann man auch beide Seiten auf diese Weise begrenzen, sodass der Hund quasi durch eine Gasse zu uns kommt. Klappt dies ein paarmal, machen wir die Gasse allmählich breiter oder stellen uns weiter vom Zaun weg, bis wir diese Hilfen gar nicht mehr nötig haben.

Nun können wir anfangen, die Entfernung zum Hund zu vergrößern, bis er in der Lage ist, aus jeder Entfernung auf das Signalwort „Hier" zu uns zu kommen und vorzusitzen.

aus einer Richtung kommt (zum Beispiel aus der rechten Jackentasche), denn sonst würde der Hund sich bald schon etwas schräg in diese Richtung vor uns setzen.

Diese Grundübung zum Abrufen/Vorsitzen wiederholen wir nun öfter, bis wir das Gefühl haben, unser Hund weiß schon ungefähr, worum es geht.

Dann bauen wir unser neues Signalwort ein, das wir auch später für das Abrufen zum Vorsitzen gebrauchen wollen (zum Beispiel „Hier"). Allmählich wird der Hund nun dieses Wort und unsere Körperhaltung mit dem Vorsitzen verbinden.

Bisher haben wir uns noch vor den Hund gestellt, nun ist es an der Zeit, dass der Hund allmählich lernt, sich selbst in die richtige Position zu bringen.

Dazu bauen wir uns wie gewohnt auf, achten auf guten Blickkontakt und treten dann einen kleinen Schritt zurück, wobei

Oft vernachlässigt, aber mindestens genauso wichtig ist es, dass der Hund außerdem lernt, nicht nur aus gerader Richtung gerade vorzusitzen, sondern auch, wenn er schräg von der Seite oder gar von hinten abgerufen wird.

Dies sollte genauso systematisch geübt werden; anfangs wieder aus ganz kleiner Entfernung: Wir stellen uns in leichtem Winkel zum sitzenden Hund auf und geben unser Signal – wenn nötig, Hilfestellung geben! Allmählich kann man den Winkel zum Hund vergrößern und auch die Entfernung – aber immer hübsch eins nach dem anderen, sonst könnte die Angelegenheit zu verwirrend werden.

Vergessen Sie aber vor lauter Konzentration auf die Übung nie das Spielen und Belohnen – schließlich soll der Hund **immer** gern zu uns kommen!

Nun haben wir zwei Schritte perfektioniert, es fehlt noch der Abschluss der Übung: vom Vorsitzen in die **Grundstellung**, also in die Bei-Fuß-Position.

Hier gibt es zwei Möglichkeiten: Entweder geht der Hund von uns aus gesehen rechts hinter uns herum in Position, was die hierzulande gebräuchlichere Variante ist, oder aber er „schwingt" sozusagen mit dem Hinterteil rückwärts von uns aus gesehen nach links herum und setzt sich neben uns.

Gerade bei kleinen bis mittelgroßen Hunden sieht diese Form sehr elegant aus, und bietet darüber hinaus den Vorteil, dass wir den Hund dabei die ganze Zeit über sehen können.

Wenn der Hund die Grundstellung selbst bereits beherrscht, können Sie die folgenden Schritte auslassen; falls nicht: So können wir dem Hund die Grundstellung beibringen:

Ähnlich wie zum Vorsitzen bringen wir den Hund zunächst ins Sitz. Anschließend stellen wir uns neben ihn, so wie es für ein perfektes Bei-Fuß verlangt wird, also Schulter des Hundes ungefähr auf Höhe Ihres linken Beins. Der Hund muss dabei genau parallel zu uns sitzen, also weder vorn noch hinten nach außen gedreht.

Achten Sie darauf, woher Ihre Belohnung kommt, damit Sie nicht den Hund dazu verleiten, sich zu drehen. Nun bauen wir Blickkontakt auf („Guck").

Wenn dies klappt, können wir anfangen, ein Signalwort für diese Position zu geben. Dies ist dasselbe Wort, das wir auch für das Bei-Fuß-Gehen verwenden (in der Regel also „Fuß"). Allmählich wird dieses Wort für den Hund die Bedeutung bekommen, gerade neben uns zu sein und uns anzusehen. Wenn wir dabei stehen, sitzt der Hund.

Nun können wir anfangen, den Hund aus verschiedenen Positionen in die Grundstellung zu rufen. Wenn nötig, leiten wir ihn, so wie wir es auch beim Vorsitzen getan haben.

Wenn all diese Schritte klappen, können wir mit der Ausbildung zur **Grundstellung aus dem Vorsitzen** beginnen: Wir lassen unseren Hund vorsitzen und entscheiden uns, auf welche Weise er in die Grundstellung kommen soll: vor uns herumschwenken oder hinter uns herumgehen.

Wir fangen mit dem Herumschwenken an. Dazu gehen wir mit dem linken Bein einen Schritt zurück (das Bein, neben dem

Der Tervueren sitzt vor. Auf ein Hörzeichen der Hundeführerin geht er um sie herum und landet in der Grundstellung.

der Hund die Wendung ausführen soll) und ermuntern den Hund mitzukommen. Wenn er nur zögerlich folgt, müssen wir vielleicht noch weitere Schritte rückwärts machen.

Sobald unser Hund uns an unserer linken Seite mit der Nase überholt hat, gehen wir wieder vorwärts und ermuntern den Hund zu folgen. Nun ist er auf gleicher Höhe mit uns, also bei Fuß. Wir bleiben sofort stehen.

. Wenn wir die Basisausbildung gründlich genug durchgeführt haben, wird sich unser Hund daraufhin neben uns setzen (gegebenenfalls erinnern wir ihn mit dem Signalwort „Fuß"). Wenn der Bewegungsablauf nach ein paar Übungen ziemlich flüssig wird, verringern wir allmählich unsere Rückwärtsbewegung immer mehr, sodass der Hund immer selbstständiger vom Vorsitzen in die Grundstellung herumschwingt.

Nach und nach lassen wir alle Hilfen weg: Das Endziel ist es, dass der Hund allein auf ein Hörzeichen aus dem Vorsitzen in die Grundstellung kommt, ohne dass unser Körper sich bewegt.

Nun zur wohl gebräuchlicheren Variante: das Herumkommen in die Grundstellung. Die Vorgehensweise ist ähnlich, nur gehen wir dieses Mal mit dem rechten Bein rückwärts und lassen den Hund auf dieser Seite folgen.

Ist er hinter uns angelangt, gehen wir wieder vorwärts, wobei wir die Leine und/oder das Lockmittel von der rechten in die linke Hand wechseln müssen, damit der Hund auf diese Seite folgt. Der Rest ist gleich:

Wir bleiben stehen und achten auf korrektes Sitzen des Hundes parallel neben uns.

Auch hier kann man nötigenfalls eine natürliche Begrenzung wie einen Zaun zu Hilfe nehmen, um nicht unnötig körperlich auf den Hund einwirken zu müssen. Wie beim Vorsitzen gilt, dass der Hund gar nicht erst die Gelegenheit bekommen sollte, sich schief zu setzen.

Passiert es doch einmal, ist es meiner Erfahrung nach das Beste, einfach die Belohnung nicht zu geben, statt am Hund herumzuziehen. Wir geben dem Hund einfach eine neue Chance, das heißt beginnen die Übung noch einmal von vorn und achten darauf, dass er diesmal erfolgreich ist.

Nun haben wir alle Bestandteile des Abrufens zum Vorsitzen erarbeitet; unser Hund kann eine perfekte Abrufübung ausführen. Das bedeutet aber noch lange nicht, dass wir in Zukunft immer den kompletten Ablauf durchspielen.

Ganz im Gegenteil: Der Hund sollte nie genau wissen, was als Nächstes kommt. Also lassen Sie ruhig ein wenig Ihre Fantasie spielen: Warum nicht aus dem Vorsitzen heraus einmal ein Spielzeug werfen und den Hund freigeben oder in die Grundstellung rufen und dabei losgehen, sodass der Hund sich gar nicht erst setzen muss. Wobei wir schon fast bei der anderen Variante des Abrufens angelangt wären: **das Abrufen in die Freifolge**.

Hier sind wir die ganze Zeit in Bewegung, während wir den Hund aus der Platz-Position zu uns rufen. Voraussetzung für diese Übung ist, dass der Hund bereits wenigstens einige Schritte bei Fuß gehen kann und das Hörzeichen hierfür kennt.

Wir beginnen in ganz kurzer Entfernung zum (angeleinten) Hund. Wir lassen ihn sitzen oder liegen und gehen einen Schritt voraus (mit dem Rücken zum Hund). Nun setzen wir das linke Bein zurück zum Hund und anschließend wieder nach vorn, wobei wir den Hund ermuntern, uns zu folgen.

Ist er neben uns in korrekter Bei-Fuß-Position angekommen, geben wir das Signalwort „Fuß", gehen noch ein paar Schritte weiter und brechen dann die Übung mit Lob und Spiel ab. Hat dieser Ablauf ein paarmal geklappt, gehen wir dazu über, gleich von vornherein das Signalwort zu sagen, wenn der Hund noch liegt oder sitzt. Wenn auch das keine Schwierigkeiten mehr bereitet, vergrößern wir allmählich unsere Entfernung zum Hund und bauen, wie zum Vorsitzen, verschiedene Winkel ein.

Unser Ziel ist es, dass der Hund lernt, sich uns aus jeder Position bei Fuß anzuschließen, egal ob wir ihm den Rücken zuwenden, quer vor ihm vorbei oder gar auf ihn zu gehen. Das kann man natürlich nicht von heute auf morgen erwarten, sondern es muss im wahrsten Sinne des Wortes Schritt für Schritt aufgebaut werden.

VORSICHT FALLE! (HÄUFIGE FEHLER UND DEREN VERMEIDUNG)

Der Hund kommt nicht schnell genug:
Häufigste Ursache ist hier ein Motivationsmangel. Vielleicht haben Sie zu oft die komplette Übung bis hin zur Grundstellung durchexerziert und dabei das Loben fürs Herankommen vernachlässigt. Rufen Sie öfter mal den Hund, ohne noch weitere Dinge von ihm zu verlangen. Kommt er, folgt sofort sein Lieblingsspiel oder etwas sehr Leckeres!

Im Alltag zum Rufen ein anderes Wort einsetzen, sonst nutzt das „Hier" schnell ab; ganz besonders, weil auf dem Spaziergang in den seltensten Fällen auf korrektes Ausführen des Vorsitzens geachtet wird.

Der Hund sitzt nicht gerade vor:
Geben Sie die Belohnung überwiegend von einer bestimmten Seite? Kommt sie zum Beispiel aus der rechten Hand, dann sitzt der Hund schon mal etwas in diese Richtung gedreht, um schneller zu seiner Belohnung zu kommen.

Beobachten Sie sich kritisch oder lassen Sie sich beim Üben filmen. Hat sich ein solcher Fehler schon eingeschlichen, achten Sie in der nächsten Zeit darauf, die Belohnung besonders oft aus der anderen Richtung zu geben.

Nehmen Sie, wenn nötig, wieder einen Zaun oder eine Mauer zu Hilfe. Belohnen Sie den Hund nicht, wenn er nicht sofort gerade sitzt, sondern brechen Sie die Übung ab und starten Sie von vorn.

Der Hund sitzt überhaupt nicht vor, sondern kommt direkt in die Grundstellung:
Das liegt oft daran, dass in der Ausbildung vergessen wird, auch das Vorsitzen zu belohnen.

Die meisten Hundeführer neigen dazu, erst am Schluss der Übung zu belohnen, also wenn der Hund schon in der Grundstellung ist. Kein Wunder also, dass er möglichst schnell dorthin kommen möchte. Wozu sich also lange mit dem Vorsitzen aufhalten, wenn das sowieso nie belohnt wird? Üben Sie öfter nur das Vorsitzen, belohnen Sie dies und spielen Sie gleich mit dem Hund, ohne ihn erst in die Grundstellung zu rufen.

Der Hund kommt
zu langsam in die Grundstellung:
Ähnlich wie beim Herankommen kann das an mangelnder Motivation liegen. Stellen Sie fest, dass Ihr Hund zu langsam herumkommt, gehen Sie einfach rasch vorwärts, sodass er sich anstrengen muss, neben Sie zu kommen.

Kommt er zu spät, ist seine Belohnung für diesmal futsch. Setzen Sie ein (realistisches!) Zeitlimit; ist der Hund bis dahin nicht in der Grundstellung, bekommt er keine Belohnung. So hat er einen Grund, sich zu beeilen. Auch weite Bögen beim Herumgehen um den Hundeführer können so kuriert werden – auch die kosten nämlich Zeit.

Der Hund sitzt
in der Grundstellung schief:
Auch das liegt meistens daran, dass er schneller zu seiner Belohnung möchte. Überraschen Sie Ihren Hund doch einmal damit, dass Sie die Belohnung blitzschnell hinter Ihrem Körper in die linke Hand geben, die dann von hintenaußen zum Hund geführt wird, sodass sein Kopf nach außen gelenkt wird.

Achten Sie penibel darauf, dass der Hund die Belohnung ausschließlich bekommt, wenn er ganz gerade sitzt. Bitten Sie, wenn möglich, jemanden, Ihnen dabei zu helfen, oder bauen Sie einen Spiegel auf. So müssen Sie sich nicht drehen oder zum Hund hinüberbeugen, um seine Sitzposition zu kontrollieren.

8. GERUCHS-UNTERSCHEIDUNG

WAS WIRD VERLANGT?
Die Geruchsunterscheidung, wie sie im Obedience verlangt wird, ist in ihrer Form einzigartig im Hundesport.

Es geht in dieser Übung darum, dass der Hund unter mehreren gleichartigen Gegenständen, die auf dem Boden ausliegen, denjenigen herausfindet, der den Geruch seines Hundeführers trägt.

Nach FCI-Reglement sind diese Gegenstände Holzstücke, in Großbritannien werden Tücher verwendet.

In der Praxis sieht das so aus, dass der Richter oder Ringhelfer vor Beginn der Übung diese Gegenstände auslegt, und zwar für jeden Hund neu. Der Hundeführer bekommt zu einem früheren Zeitpunkt in der Prüfung einen gleichartigen Gegenstand, der seinen Geruch annehmen soll. Zum Beispiel mit einer Grillzange wird er anschließend geruchsneutral vom Richter oder Ringhelfer zwischen die anderen ausgelegten Gegenstände gelegt.

Dabei darf der Hundeführer nicht zusehen, damit er nicht etwa seinem Hund bei der Suche helfen kann. Der Hund wird nun vom Hundeführer zu den Gegenständen geschickt, die in einiger Entfernung liegen,

Vorübung zur Übung „Geruchsunterscheidung": Der Hund soll lernen, auf ein bestimmtes Wort hin seine Nase zu benutzen. Ein Leckerli wird so versteckt, dass es nicht mehr zu sehen ist. „Cookie" schnuppert ... Die Freude ist groß: gefunden!

und soll völlig selbstständig den richtigen herausfinden und seinem Hundeführer apportieren.

WIE KANN MAN ES ÜBEN?

Vorbereitung

Vorbereitende Übungen für die Geruchs-unterscheidung kann man schon mit Welpen beginnen. Die Fähigkeit, seine Nase zu benutzen, ist jedem Hund angeboren. Damit er von einem Gegenstand den Geruch aufnimmt, hält man ihm diesen einfach vor die Nase – fast immer wird er automatisch daran schnuppern.

Noch einfacher geht es mit Futter. Als ersten Schritt können wir also unserem Hund erst einmal etwas vor die Nase halten, was er interessant findet und haben möchte. Wenn er daran schnuppert, können wir ein erstes Hörzeichen einführen, zum Beispiel „Riech".

Dieses Wort verwenden wir dann später immer, wenn der Hund einen Geruch aufnehmen soll. Anfangs wird der Hund immer sofort für sein Interesse belohnt, das heißt, er bekommt den Gegenstand oder das Leckerli.

Der nächste Schritt sieht dann so aus, dass der Hund nur noch an unserer Hand, in der dieser Gegenstand/das Leckerli vorher war, schnuppern darf. Tut er das, begleiten wir dies wieder mit unserem Signalwort: So lernt unser Hund, es allmählich mit seiner Handlung zu verknüpfen.

Das Wunschobjekt selbst ist für den Hund nicht mehr sichtbar, sondern so versteckt, dass er zum Finden zwangsläufig seine Nase benutzen muss. Wir können es zum Beispiel in der geschlossenen Hand halten oder unter dem Pullover oder, auf dem Boden sitzend, unter den Kniekehlen.

Anfangs sollte das Versteck nicht zu schwierig gewählt werden, damit der Hund immer schnell ein Erfolgserlebnis hat und nicht die Lust verliert. Sobald er deutlich erkennbar nach dem Gegenstand sucht, ist es Zeit für unser zweites Hörzeichen, zum Beispiel „Such". (Diejenigen unter Ihnen, die mit Ihrem Hund auch Fährtenarbeit machen, sollten sich ein Wort überlegen, das sich von dem Hörzeichen für das Verfolgen einer Fährte unterscheidet.)

Allmählich kann man dann auch zu anderen Gegenständen, zum Beispiel den im Obedience verlangten Holzstücken, übergehen. Hierzu eignen sich beispielsweise Wäscheklammern aus Holz, die man günstig kaufen kann.

Auch bei diesen Versteckspielen sollten wir immer daran denken, unsere neuen Hörzeichen zu benutzen: „Riech" o. ä. für das Aufnehmen des Geruchs, und „Such" o. ä. für das eigentliche Suchen nach dem Gegenstand.

Die Praxis:

So vorbereitet haben die allermeisten Hunde schon Gefallen an der neuen Übung gefunden. Der nächste Schritt ist es, unserem Hund beizubringen, nicht einfach **irgendeinen** Gegenstand zu finden, sondern einen ganz bestimmten.

Spätestens jetzt ist es Zeit für die Anschaffung einer Grillzange oder ähnlichem, damit wir auch Gegenstände auslegen können, ohne dass diese unseren Geruch tragen. Diese Zange muss auch sehr sorgfältig getrennt aufbewahrt werden von unseren Suchgegenständen, damit sie nicht deren Geruch annimmt. Das wäre äußerst verwirrend für den Hund. Man darf sie auch immer nur am Griff anfassen – das andere Ende soll ja nicht nach uns riechen.

Wir brauchen zum Üben jetzt mehrere Gegenstände, die alle gleich aussehen, zum Beispiel Stofftücher, Wäscheklammern oder Tannenzapfen. Die schon erwähnten Holzwäscheklammern eignen sich recht gut dazu; im folgenden Text gehe ich einmal von diesem Beispiel aus.

Schon beim Öffnen der Verpackung sollten wir darauf achten, die Klammern möglichst nicht anzufassen, damit sie nicht unseren Geruch annehmen. Nur **eine** der Klammern nehmen wir in die Hand – unser Hund soll später genau diese Klammer wiederfinden.

Wir beginnen nun mit zwei Klammern: einer geruchsneutralen, die wir mithilfe der Grillzange auf den Boden legen, und der Klammer, die nach uns riecht. Um es unserem Hund nun möglichst leicht zu machen und ihm zu helfen, auch die richtige Klammer aufzunehmen, können wir anfangs so vorgehen, dass die neutrale Klammer schon auf dem Boden liegt und wir „unsere" Klammer nun in einigem Abstand (1,5 bis 2 Meter) dazuwerfen, sodass der Hund es sieht.

Höchstwahrscheinlich wird er – geleitet von den gewohnten Hörzeichen – automatisch zur richtigen Klammer laufen, da diese sich zuletzt bewegt hat.

Wir bedienen uns also auch des Gesichts- und nicht nur des Geruchssinns.

Für den Anfang ist das legitim, denn in erster Linie geht es uns ja darum, dem Hund zum Erfolg zu verhelfen, also die richtige Klammer zu finden.

Zur Sicherheit können wir unseren Hund für diese Übung anleinen, um notfalls verhindern zu können, dass er die „falsche" Klammer aufnimmt.

Kann der Hund „ja" und „nein" unterscheiden, können wir ihm auch damit helfen, wenn er unsicher wird. In jedem Fall sollten wir dafür sorgen, dass er die richtige Klammer aufnimmt, und ihn dann natürlich tüchtig loben.

Bereitet dieser Schritt keine Schwierigkeiten, können wir als kleine Steigerung der Schwierigkeit den Hund einmal um die eigene Achse drehen, bevor wir ihn losschicken. So wird verhindert, dass er die Klammer nicht aus den Augen lässt.

Wenn auch das problemlos klappt, fangen wir an, den Abstand zwischen den Klammern allmählich zu verringern und dazu überzugehen, beide Gegenstände hinzulegen (einen mit der Zange, einen aus der Hand). So muss der Hund wirklich seine Nase benutzen.

Er darf natürlich auch die „falsche" Klammer prüfen und daran schnuppern, aber wenn er sich zu lange für diese interessiert, sollten wir versuchen, sein Interesse auf die „richtige" Klammer zu lenken.

Wer gern bastelt, kann sich auch eine Vorrichtung bauen, die verhindert, dass „falsche" Gegenstände aufgenommen werden.

Doch egal wie, wir müssen immer darauf achten, dass die Gegenstände, die der Hund nicht nehmen soll, nie auf eine Stelle gelegt werden, auf der zuvor der „richtige"

Das Holz mit dem Geruch der Hundeführerin wird mithilfe einer Grillzange ausgelegt, um den Geruch nicht zu verfälschen. Die Hundeführerin schickt den Hund zu den Hölzern, wo jedes sorgfältig abgeschnuppert und schließlich das richtige aufgenommen wird. Dieser Schäferhund ist noch im Lernstadium, deshalb ist Frauchen zur Unterstützung in der Nähe.

Gegenstand platziert war. Dessen Geruch ist nämlich immer noch dort und könnte den Hund verwirren.

Ist unser Hund schließlich beim Unterscheiden zweier Klammern, können wir immer mehr geruchsneutrale Klammern dazu auslegen, zwischen denen die „richtige" herausgefunden werden muss.

Bis hierher habe ich bei der Schilderung des Ausbildungsvorgangs bewusst eines weggelassen: das Apportieren des gefundenen Gegenstands. Dem Apportieren ist ein eigenes Kapitel gewidmet – zu viel gibt es hierbei zu beachten. Wenn Ihr Hund das Apportieren schon beherrscht (und nur dann!), können Sie sich den vom Hund gefundenen Gegenstand auch ab und zu apportieren lassen. Tun Sie dies aber erst, wenn der Hund absolut sicher im Auffinden der Gegenstände ist und wenn er gern apportiert. Hat der Hund nämlich noch Schwierigkeiten bei einem dieser beiden Dinge, könnten Sie Gefahr laufen, dass sich die Unsicherheit auch auf den anderen Übungsteil überträgt und dem Hund die Lust daran nimmt.

Denken Sie daran, dass es in erster Linie darum geht, dem Hund die Geruchsunterscheidung beizubringen. Die „Einzelteile" (Gegenstand finden und Apportieren) können Sie später immer noch zusammenfügen.

ÜBUNGSMÖGLICHKEITEN
IM ALLTAG:

Auch auf dem täglichen Spaziergang finden sich ohne große Vorbereitung vielerlei Gelegenheiten zum Üben.

Liegen zum Beispiel viele Tannenzapfen oder Zweige auf Ihrem Weg? Dann heben Sie doch einfach zwischendurch mal einen auf und halten ihn eine Zeit lang in der Hand.

In einem unbeobachteten Moment legen Sie ihn dann wieder auf den Boden zwischen andere Tannenzapfen oder Zweige, rufen Ihren Hund, lassen ihn an Ihrer Hand Geruch aufnehmen und fordern ihn auf, den richtigen Tannenzapfen oder Zweig zu finden. Notfalls helfen Sie ein wenig, indem Sie ungefähr in die richtige Richtung zeigen.

Anhang

VARIATIONEN ZUM THEMA: „FREISTIL"

Vielleicht gehören Sie zu den Hundebesitzern, denen es nicht so sehr liegt, durch Prüfungsordnungen streng vorgegebene Übungsabläufe mit ihren Hunden zu durchlaufen, sondern die gern ein wenig eigene Kreativität mit einbringen möchten.

Wenn Sie darüber hinaus noch Spaß an der Bewegung zu Musik haben, könnte Freestyle Obedience genau das Richtige für Sie sein! Zurzeit gibt es zwei Arten:

MUSICAL CANINE FREESTYLE OBEDIENCE

Diese Form des Freestyle stammt ursprünglich aus Kanada, ist aber inzwischen auch in den USA recht populär. Anfangs nur eine Spielart des Obedience und ohne offizielle Bewertung vorgeführt, ist diese Sportart nun auch als Wettkampfsportart zugelassen und unterliegt bestimmten Wertungskriterien. Wie kann man sich nun Freestyle Obedience vorstellen?

Ein Punkt, der sofort auffällt, ist, dass Freestyle Obedience zu Musik ausgeführt wird. Diese kann der Hundeführer frei wählen – von modernem Pop über Folklore bis Klassik ist alles vertreten. Zu dieser Musik zeigt dann das Team eine Choreografie, die aus klassischen Obedience-Elementen (beispielsweise Freifolge) und frei erfundenen Bewegungen (beispielsweise Drehungen des Hundes) kombiniert ist.

Bewertet wird nach Schwierigkeit der gezeigten Elemente, Präzision der Ausführungen sowie Interpretation der Musik. Erfahrene Hundeführer wählen die Musik passend zum Temperament des Hundes – so kann man etwa einen eher gemächlichen Riesenschnauzer zum Frank-Sinatra-Titel „New York, New York" oder einen Border Collie zu den Klängen von „Macarena" bewundern – der Fantasie sind keine Grenzen gesetzt.

Häufig gezeigte Bewegungsabläufe sind: Slalom des Hundes zwischen den Beinen des vorwärts oder rückwärts gehenden Hundeführers, Freifolge links und rechts,

Beim Freestyle Obedience werden die verschiedensten Kunststücke mit dem Bei-Fuß-Gehen zu einer Kür verbunden.

Drehungen des Hundes um die eigene Achse, Rollen des Hundes, Sprünge des Hundes über den gebückten Hundeführer oder über dessen ausgestreckte Arme oder Beine, Rückwärtsgehen des Hundes und vieles mehr – all dies zu einer Choreografie zusammengefügt.

Freestyle Obedience ist auch für das nicht so fachkundige Publikum sehr attraktiv und erfreut sich wachsender Beliebtheit.

Ich würde mir wünschen, dass es auch in Deutschland viele Anhänger findet und auch hierzulande bald tanzende Hunde der (besonders für Laien etwas faden) Prüfungslandschaft einen bunten Farbtupfer geben.

HEELWORK TO MUSIC/DOGDANCING

Diese Varianten des Freestyle Obedience – beide mit eigenen Regeln – sind europäische Disziplinen, die einander stark ähneln. Vom amerikanischen Freestyle Obedience unterscheiden sie sich vor allem durch eine größere Gewichtung des „Bei-Fuß-Anteils", wie schon das englische Wort „Heelwork" impliziert.

Zunächst setzte sich die bekannte und erfolgreiche britische Obedience-Sportlerin Mary Ray für die Einführung des sogenannten Heelwork to Music (HTM) in Großbritannien ein, wozu nicht zuletzt ihre auf der Crufts 1997 gezeigte beeindruckende Vorführung beitrug, später entstand dann auf dem europäischen Festland das Dogdancing nach dem HTM sehr ähnlichen Regeln.

Von Kritikern hört man hin und wieder die Meinung, Freestyle Obedience sei albernes Herumgehüpfe. Wer aber schon einmal eine Vorführung gesehen hat, kann sich vorstellen, wieviel Arbeit darin steckt.

In der Regel haben erfolgreiche Freestyle-Hunde zuvor eine gründliche Obedience-Ausbildung durchlaufen, oftmals sogar bereits Meistertitel errungen, bevor sie ihre Freestyle-Laufbahn begannen. Ohne gründliches Fundament ist eine

Freestyle-Vorführung sicher ein gefundenes Fressen für die Kritiker – ein gut ausgebildeter Hund kann dem Zuschauer mit einer gelungenen Vorführung dagegen wirklich Tränen in die Augen treiben – selten sonst sieht man ein Bild so perfekter Harmonie, von freudigem Zusammen-Spiel zwischen Mensch und Hund.

AUSZUG AUS DER VDH-OBEDIENCE-PRÜFUNGSORDNUNG (VDH OB PO)

A: ALLGEMEINES

Zulassungsbestimmungen

Teilnahmeberechtigt an Obedience-Prüfungen und Wettkämpfen sind alle Hunde ohne Rücksicht auf ihre Größe und Abstammung. Zum 1. Start zu einer Obedience Prüfung ist der Nachweis einer erfolgreich abgelegten VDH-Begleithundeprüfung bzw. VDH-Begleithundeprüfung A, die innerhalb eines AZG-Verbandes abgelegt sein muss, erforderlich. Der Eigentümer des Hundes und der Hundeführer müssen eine gültige Mitgliedschaft in einem VDH MV bzw. eines FCI MV nachweisen und für den Hund einen gültigen Leistungsnachweis/Lizenz vorlegen können. Der Impfpass des Hundes, der Leistungsnachweis/Lizenz und der Nachweis einer bestehenden Haftpflichtversicherung sind bei jeder Prüfung vorzulegen. Alle Hunde müssen eindeutig identifizierbar sein, entweder durch Tätowierung oder durch Chip.

Hunde, die von ansteckenden Krankheiten, Hakenwurm, Räude oder ansonsten von Ungeziefer befallen sind, die aggressiv, blind oder taub sind, können an Obedience-Wettbewerben nicht teilnehmen.

Läufige Hündinnen werden zur Teilnahme am Ende des Wettbewerbs zugelassen, müssen jedoch vom Wettbewerbsgelände entfernt gehalten werden, bis die übrigen Teams fertig sind.

Zulassungsalter der Hunde am Tage der Prüfung

Beginner-Klasse	15 Monate
Klasse 1	15 Monate
Klasse 2	16 Monate
Klasse 3	17 Monate

Zuordnung zu den Klassen Beginner-Klasse, Klasse 1-3:

Nach dem Erreichen von 256 Punkten („vorzüglich") kann in die nächst höhere Klasse aufgestiegen werden. Es darf so lange in derselben Klasse gestartet werden, bis die Qualifikation in die nächst höhere Klasse erreicht und in dieser gestartet wurde. Die Teilnehmer der „VDH Deutschen Obedience-Meisterschaft" in den Klassen 1 und 2 müssen danach in der nächst höheren Klasse antreten.

Ein Zurückstufen des Hundes ist nicht gestattet.

Im Ausland erzielte Resultate finden lediglich bis Ende 2002 Anerkennung. Sie müssen auf FCI-termingeschützten Veranstaltungen erzielt werden und das jeweilige Leistungsniveau der Prüfung der Klasse in der VDH OB PO entsprechen. Das Ergebnis muss vom amtierenden OB-Leistungsrichter abgezeichnet sein.

B. Prüfungen, Wettkämpfe, Leistungsklassen

Verhalten der Teilnehmer

- Jedes Team muss rechtzeitig im Ring anwesend sein.
- Jeder Hundeführer muss rechtzeitig und deutlich sichtbar seine Startnummer tragen.
- Der Hund muss stets an der linken Seite des Hundeführers arbeiten, es sei denn, dass der Prüfungsleiter Dispensationen verleiht.
- Jeder Hundeführer muss sich an die Anweisungen des Obedience-- Leistungsrichters halten.
- Einlaufen oder Training für die Prüfung oder den Wettkampf ist auf dem Wettkampfgelände nicht erlaubt.
- Während der Übungen darf der Hundeführer keine Hilfe von außerhalb erhalten.
- Während der Übungen darf der Hundeführer kein Futter, Leckerbissen oder Spielzeug bei sich tragen.
- Der Hundeführer darf den Hund nicht liebkosen oder auf eine andere Weise ermutigen oder belohnen bevor die Übung beendet ist.
- Der Gebrauch von Gewalt, Stachelbändern und/oder anderen Zwangsmitteln ist nicht erlaubt.
- Hunde die nicht im Ring arbeiten müssen außerhalb des Ringes gehalten werden.
- Der OB LR muss einen Hund der beißt oder probiert zu beißen von der weiteren Teilnahme ausschließen. Ein betreffender Eintrag erfolgt im Leistungsnachweis.
- Die Hundeführer sind gehalten, ein sportlich faires Betragen innerhalb und außerhalb des Wettkampfterrains zu praktizieren.
- Mit der Abgabe der Anmeldung besteht die Verpflichtung das Startgeld zu bezahlen.
- Der Eigentümer des Hundes haftet für alle Personen und Sachschäden. die durch seinen Hund verursacht werden.

Allgemeines

In der Grundstellung sitzt der Hund ruhig an der linken Seite des Hundeführers und die Schulter des Hundes befindet sich auf Kniehöhe des Hundeführers. Die verlangte Leistung ist vom Hund auf einmaliges Hör- bzw. Sichtzeichen des Hundeführers exakt auszuführen. Die bei den einzelnen Übungen angegebenen Hör- bzw. Sichtzeichen sind unverbindlich. Andere Hörzeichen dürfen verwendet werden, wenn sie ebenfalls nur aus einem Wort bestehen. Der Name des Hundes darf in der Beginner-Klasse, Klasse 1 und 2 unmittelbar vor die Hörzeichen gesetzt werden. In der Klasse 3 ist dies nicht gestattet und wird mit Abzug als Doppelkommando gewertet.

Alle Übungen werden dem Teilnehmer vom Obedience- LR oder Prüfungsleiter angesagt.

Für die Übung „Bringen" gelten folgende Gewichtseinteilungen für alle Hunde:
Holz– oder Kunststoff Apportierklötze:
zwischen 175g und 650g
Metall Apportiergeräte:
zwischen 175g und 650g

Zwergrassen sind von dieser Regelung ausgenommen. Das Apportiergewicht wird mit Absprache des Obedience-LR festgelegt.

Die Obedience-Hürde muss vollflächig und alle 10 cm verstellbar sein, eine Breite zwischen 1 Meter und 1,50 Meter aufweisen. Die Maximalhöhe der Hürde beträgt 100 cm.

Die in der Wettkampfordnung beschriebenen Geräte sind verbindlich.

Bewertung

- Einem Hund, der während der Ausführung einer Übung das Prüfungsgelände bzw. den Ring verlässt, können für die Übung keine Punkte gegeben werden.
- In der Obedience Beginner-Klasse, Klasse 1, Klasse 2 und Klasse 3 (internationale Obedience-Klasse) beträgt die maximale Punktzahl 320 Punkte.

Vorzüglich: von 256 bis 320 Punkten

Sehr gut: von 224 bis 255,5 Punkten

Gut: von 192 bis 223,5 Punkten

- In der OB Beginner-Klasse müssen zusätzlich in den Übungen 1,2,6,8 und 11 jeweils mindestens 5 Punkte erreicht werden.
- Die Bewertung der gesamten Leistungen erfolgt nach Punkten und den für die Übungen jeweils festgelegten Schwierigkeitskoeffizienten. Die Punkte müssen die Ausführung der Übung widerspiegeln. Die erreichte Punktzahl wird mit dem Schwierigkeitskoeffizienten multipliziert und ergibt dann die Bewertung der Übung. Jede Übung wird ohne Berücksichtigung des Schwierigkeitskoeffizienten von der Maximalnote 10 aus bewertet. Werden die Bewertungen durch mehrere OB LR vorgenommen, geben die Leistungsrichter unabhängig voneinander für jede Übung Punkte, wovon der Durchschnitt pro Übung errechnet wird. Diese Punkte werden dann als endgültige Punkte pro Übung vermerkt.
- Der Hund erhält die Punkte nach folgender Skala: 0 - 5 - 5,5 - 6 - 6,5 - 7 - 7,5 - 8 - 8,5 - 9 - 9.5 - 10

Beispiel zur Berechnung:

Eine Übung - 10 Punkte x Schwierigkeitskoeffizient 3 = Max. Punktzahl 30

Nach fehlerhafter Übung werden vom OB LR 1,5 Punkte abgezogen. Somit werden für diese Übung 8,5 Punkte vergeben. Der Schwierigkeitskoeffizient beträgt 3. Es werden nun die 8,5 Punkte mit 3 multipliziert und somit wird die Übung mit total 25,5 Punkten bewertet.

Der Obedience-Leistungsrichter muss seine vergebene Punktzahl nach jeder Übung mittels Anzeigetafel sowohl für den Hundeführer als auch für das Publikum gut sichtbar anzeigen.

Das Urteil des Obedience-Leistungsrichters ist unanfechtbar.

C. AUFGABENSTELLUNG DER EINZELNEN PRÜFUNGSSTUFEN

OBEDIENCE-BEGINNER-KLASSE

Wird eine Pflichtübung mit 0 bewertet, wird die Prüfung abgebrochen.

Übung 1: Verhalten gegenüber anderen Hunden (Pflichtübung)

Ausführung:

Die Teams stehen in einem Abstand von 3 Metern zueinander in einer Reihe. Die Hunde sitzen neben dem Hundeführer in Grundstellung. Beginnend bei Nummer 1 gehen die Teams vor und hinter der aufgestellten Reihe her. Der Abstand zwischen dem absolvierenden Team und den anderen Teilnehmern darf nicht mehr als 1 Meter betragen.

Anmerkung: Das Verhalten der Hunde muss normal freundlich oder gleichgültig sein, es darf keinesfalls feindlich oder störend sein. Hunde, die anderen Hunden gegenüber ausfallend werden, werden disqualifiziert und von der weiteren Teilnahme ausgeschlossen.

Punktabzug kann erfolgen wenn
-ein Hund während dieser Übung korrigiert werden muss.

Als Durchgefallen gilt, wenn diese Übung mit 0 bewertet wird.

Koeffizient: 4

Maximale Punktzahl: 40

Übung 2: Stehen und Betasten (Pflichtübung)

Ausführung:

Auf Hörzeichen muss der Hund neben dem Hundeführer stehen bleiben. Auf Anweisung des OB LR stellt sich der HF schräg vor seinen Hund. Es liegt im Ermessen des HF den Hund abzuleinen. Wird der Hund an der Leine geführt, muss diese durchhängen. Die Leine darf nicht gestrafft sein. Der Hund muss sich nun im Stand von allen Seiten vom OB-LR betasten lassen. Dies alles muss der Hund ruhig zulassen, ohne sich unruhig zu winden oder zu drehen, um auszuweichen oder zu versuchen den OB-LR zu beißen. Eine einfache, geringe Fortbewegung wird nicht angerechnet. Auf Anweisung des LR geht der HF wieder neben seinen Hund und gibt das Hörzeichen zur Grundstellung. Der Hund muss gerade neben dem HF sitzen.

Anmerkung:

Wahrend des Betastens darf der HF dem Hund beruhigend zureden, das dürfen keine Hörzeichen sein.

Punktabzug kann erfolgen, wenn

- der Hund in der Grundstellung nicht gerade neben dem Hundeführer sitzt.

- der Hund mit Hilfe des HF in den Stand gebracht werden muss.

- knurren und/oder Angriffe auf den LR.

Als Durchgefallen gilt, wenn diese Übung mit 0 bewertet wird. Koeffizient: 2

Maximale Punktzahl: 20

Übung 3: Gebiss zeigen

Ausführung:

Auf Anweisung des LR zeigt der HF durch Anheben der Lefzen des Hundes das Gebiss, wobei die Vorderseite des Gebisses geschlossen sein muss und die Seite vollständig sichtbar sein soll. Der Hund soll dabei sitzen.

Anmerkung:

Während das Gebiss gezeigt wird, darf der HF dem Hund beruhigend zureden, das dürfen jedoch keine Hörzeichen sein. Koeffizient: 2

Maximale Punktzahl: 20

Übung 4: Ablegen in der Gruppe

Ausführung:

Der Hund wird angeleint zu dieser Übung gebracht. Die Hundeführer nehmen mit ihren Hunden in einem Glied, mit einem Abstand von ca. 3 Meter, in der Position „Sitz" Aufstellung. Nachdem die Hunde abgeleint und in die Position „Platz" gebracht worden sind, entfernen sich die HF ungefähr 20 Schritte, halten an und nehmen Front zu ihren Hunden. Die Hunde bleiben während 2 Minuten abgelegt. Wenn der HF seinen Hund verlässt, darf er das Hörzeichen „Bleib" gebrauchen. Die Zeitnahme beginnt, wenn die HF ihren Platz auf der für diese Übung angegebenen Distanz eingenommen haben. Nach Ablauf der Zeit gehen die HF zu ihren Hunden zurück, nehmen den Hund in Grundstellung und leinen ihn an. Die Übung muss mit mindestens 3 Hunden in der Gruppe durchgeführt werden.

Anmerkung:

Ein Hund, der mehr als 5 Schritte kriecht, wird abgeholt. Dieser Hund erhält keine Punkte. Ein Hund, der sich aufsetzt oder aufsteht, auch wenn er seinen Standort nicht verändert, erhält ebenfalls keine Punkte. Für einen Hund, der auf einer kürzeren als der o. a. Strecke kriecht oder der winselt, werden nicht mehr als 8 Punkte vergeben. Koeffizient: 3

Maximale Punktzahl: 30

Übung 5: Leinenführigkeit

Ausführung:

Der Hund muss, an der linken Seite des HF geführt, in einem guten Tempo und aufmerksam, an loser Leine, unmittelbar neben dem HF, folgen (Schulter auf Kniehöhe) und zwar so, dass er diesen in keiner Weise bei seinen Bewegungen behindert.

Der OB LR gibt folgende Anweisungen:

A.	Vorwärts	D.	Rechtsumkehr
B.	Rechts	E.	Linksumkehr
C.	Links	F.	Halt

Bei B. und C. muss die Richtungsänderung mit einem Winkel von 90 Grad ausgeführt werden. Bei E. kann ein kleiner Bogen nach links gemacht werden. Das Halt machen muss frei und plötzlich geschehen, der Hund muss sich hierbei unmittelbar aus eigener Bewegung setzen. Beim Vorwärts, nach einem Haltmachen auf Anweisung des LR, darf ein Hörzeichen gegeben werden.

Anmerkung:

Die Leine wird in der linken Hand getragen und muss durchhängen. Die Arme müssen während dem Schritt normal bewegt werden. Der linke Arm darf hierbei leicht gebogen sein, jedoch nicht in der direkten Nähe, vor oder fest gegen den Körper gehalten werden. Beim Anhalten muss der Hund gerade neben seinem HF sitzen.

Punktabzug kann erfolgen, wenn
- der Hund hinter und /oder weit folgt.
- der Hund schräg vor oder neben dem HF sitzt.

- zusätzliche Hörzeichen gegeben werden.

Koeffizient: 4

Maximale Punktzahl: 40

Übung 6: Freifolge (Pflichtübung)

Ausführung:

Auf Anweisung des LR wird der Hund durch seinen HF abgeleint. Die Leine wird über die linke Schulter getragen und an der rechten Seite geschlossen oder um den Hals getragen. Es wird fortgefahren wie in Übung 5 Leinenführigkeit.

Anmerkung:

Punktabzug kann erfolgen, wenn
- extra Hörzeichen gegeben werden.
- der Hund schräg vor oder neben dem HF sitzt.

Hunde, die während einem Großteil der Übung weit zurückbleiben, vordrängen oder seitlich abweichen, bekommen für diese Übung keine Punkte

Wird diese Übung mit 0 bewertet, ist das Team durchgefallen.

Koeffizient: 4

Maximale Punktzahl: 40

Übung 7: Sitz aus der Bewegung

Ausführung:

Von der Grundstellung aus geht der HF mit seinem frei bei Fuß folgenden Hund im Normalschritt geradeaus. Nach 10 - 15 Schritten erhält der HF die Anweisung, seinen Hund ins „Sitz" zu bringen, welches der Hund schnell und gerade ausführen soll, ohne dass der HF seine Gangart unterbricht oder sich umsieht. Der Hund hat ruhig zu sitzen. Nach mindestens weiteren 20 Schritten bleibt der HF stehen und dreht sich sofort zu seinem Hund um. Auf Anweisung des Wettkampfleiters geht der HF zu seinem Hund zurück und nimmt an dessen rechter Seite die Grundstellung ein. Auf Anweisung wird der Hund angeleint.

Anmerkung:

Der Hund muss innerhalb von 3 Körperlängen die Position „Sitz" eingenommen haben, sonst erhält er nicht mehr als 8 Punkte. Wenn der Hund, nachdem er die verlangte Position eingenommen hat, diese wechselt (z. B. von der Position „Sitz" in die Position „Platz") kann er nicht mehr als 7 Punkte erhalten. Wenn der Hund die verlangte Position nicht einnimmt, erhält er keine Punkte. Punktabzug gibt es ebenfalls für eine unsaubere Freifolge.

Koeffizient: 3

Maximale Punktzahl: 30

Übung 8: Kommen auf Befehl (Pflichtübung)

Ausführung:

Der Wettkampfleiter gibt dem HF die Anweisung, seinen Hund in einem Quadrat von 3 x 3 Meter, welches von 4 Pylonen gekennzeichnet ist, in der Mitte abzulegen. Die Leine wird ohne Knoten oder Schlaufen zu dem Hund gelegt. Auf Anweisung entfernt sich der HF ungefähr 15 Schritte in Vorwärtsrichtung. Hier stellt sich der HF mit dem Gesicht zum Hund gekehrt auf. Auf Anweisung des LR ruft der HF den Hund „Hier" oder „Komm". Der Hund muss das Hörzeichen sofort und ohne Zögern umsetzen und in einem schnellen Tempo in gerader Linie kommen und sich direkt vor den HF hinsetzen, mit dem Kopf zum HF gewandt. Danach gibt der HF das Hörzeichen zur Grundstellung.

Anmerkung:

Es darf keine Leine aus reflektierendem Material verwendet werden. Auch andere Gegenstände sind für diese Übung nicht zugelassen.

Es sind zwei zusätzliche Hörzeichen erlaubt.

Punktabzug kann erfolgen, wenn

- der Hund träge kommt.

- der Hund schräg vor oder neben dem HF sitzt.

Wird diese Übung mit „0" bewertet, ist das Team durchgefallen.

Koeffizient: 4

Maximal Punktzahl: 40

Übung 9: Zurücksenden zum Platz

Ausführung:

Der Hund sitzt nach Übung 8 in Grundstellung. Auf Anweisung sendet der HF den Hund zurück zu der Leine. Der Hund muss dieses Hörzeichen direkt, auf dem kürzesten Weg, im Trab oder Galopp, unter Berücksichtigung der Rasse, umsetzen und zu der Leine zurückkehren und sich dort auf Kommando hinlegen, vorzugsweise dem HF zugewandt. Auf Anweisung begibt sich der HF zu dem Hund. Der HF lässt den Hund auf ein Zeichen sitzen. Der Hund wird nun angeleint.

Anmerkung:

Der Hund muss das Hörzeichen direkt befolgen. Zur Betonung des Hörzeichens ist eine kurze Armbewegung gestattet. Andere Körperbewegungen sind nicht erlaubt. Der Hund darf bei der Leine in die Position „Steh" gerufen werden. Anschließend oder sofort erhält er das Kommando „Platz".

Punktabzug kann erfolgen, wenn

- sich der Hund mehr als 50 cm von der Leine entfernt hinlegt.

- der Hund träge zur Leine zurückkehrt.

- zusätzliche Hörzeichen gegeben werden müssen.

Liegt der Hund mehr als einen Meter von der Leine entfernt, bekommt man keine Punkte.

Koeffizient: 3

Maximal Punktzahl: 30

Übung 10: Apport auf ebener Erde

Ausführung:

Auf Anweisung legt der HF seinen eigenen Apportiergegenstand mindestens 10 Meter in eine angegebene Richtung aus. Es ist erlaubt, zum Auslegen des Gegenstandes ein Wartehörzeichen zu geben. Der Hund muss neben dem HF sitzen bleiben, bis dieser ihm, auf Anweisung das Hörzeichen zum Apportieren gibt. Der Hund muss dem Hörzeichen flott, aufgeweckt und auf dem kürzesten Weg folgen. Es ist erlaubt, dass der Hund sich direkt an dem Gegenstand vorbei umdreht, bevor er es aufnimmt.

Während des Apportierens darf der Hund nicht auf dem Gegenstand kauen oder nachfassen. Der Hund soll auf dem kürzesten Weg zu dem HF zurückkehren und sich direkt vor diesen setzen. Der Hund muss den apportierten Gegenstand festhalten, bis der HF auf Anweisung, dem Hund das Hörzeichen zum Loslassen gibt. Danach gibt der HF nach Anweisung das Hörzeichen zur Grundstellung.

Anmerkung:

Apportiergegenstand nach Wahl des HF und wird vom HF mitgebracht. Es darf auch ein Spielzeug sein. Es werden keine Gewichtsanforderungen gestellt.

Punktabzug kann erfolgen, wenn
- der Hund schräg vor oder neben dem HF sitzt.
- der Hund auf dem Gegenstand kaut und/oder nachfasst.
- ein Hund den Gegenstand fallen lässt.
- der HF den Gegenstand ohne Anweisung annimmt oder anfasst.

Koeffizient: 2

Maximale Punktzahl: 20

Übung 11: Umgang Mensch/Hund (Pflichtübung)

Ausführung:

Diese Übung dient der Anregung, dass der Hund am Ende einer Übung ruhig belohnt wird. An dem Verhalten des HF und des Hundes wir beurteilt, ob zwischen beiden die gewünschte Verständigung vorhanden ist. Der Hund soll das gesamte Programm fröhlich erarbeiten.

Anmerkung:

Was dieses Regelwerk nicht vorsieht, entscheidet der OB LR.

Koeffizient: 1

Maximale Punktzahl: 10

Bestanden wird die Beginner-Klasse ab 192 Punkten.

Um die Prüfung zu bestehen, müssen in den Übungen 1, 2, 6, 8 und 11 mindestens jeweils 5 Punkte erreicht werden.

Ab 256 Punkten darf in Obedience 1 gestartet werden.

OBEDIENCE- KLASSE 1

Mit Ausnahme der Übung 1 und 2 werden die Übungen individuell ausgeführt.

Übung 1: 1 Minute Sitzen mit Sichtkontakt

Ausführung:

Die Hunde werden angeleint zu dieser Übung gebracht. Die Hundeführer nehmen mit ihren Hunden in einer Reihe mit ca. 3 Metern Abstand zueinander in der Grundstellung Aufstellung. Nachdem die Hunde abgeleint worden sind, begeben sich die Hundeführer in die vom LR angegebene Richtung, in Sichtkontakt zum Hund. Nach 1 Minute auf Anweisung begeben sich die HF neben ihre Hunde in Grundstellung. Die Übung wird durch Anweisung des LR beendet.

Anmerkung:

Nach dem letzten Hörzeichen „Bleib/Warte", darf kein extra Hörzeichen mehr gegeben werden. Wenn ein Hund wegläuft, wird er schweigend angeleint und mitgenommen. Steht ein Hund nach dem Hörzeichen „Sitz" auf oder legt sich hin oder er begibt sich vom Platz weg, auch in der Rückkehrphase des HF zum Hund, erhält er für diese Übung keine Punkte.

Koeffizient: 2

Maximale Punkte: 20

Übung 2: 3 Minuten liegen mit Sichtkontakt

Ausführung:

Direkt nach der Übung 1 wird die Übung 2 gezeigt. Diese Übung wird gleichzeitig durch mehrere Teilnehmer ausgeführt. Der Hund wird angeleint zu dieser Übung gebracht. Die Hundeführer nehmen mit ihren Hunden in einer Reihe, mit einem Abstand von ca. 3 Meter zueinander, in der Position „Sitz" Aufstellung. Auf Anweisung werden die Hunde abgeleint und die HF geben nacheinander das Hörzeichen für die Platzposition. Der Hund muss ohne zu zögern das Hörzeichen umsetzen und sich gerade neben seinen HF legen. Auf Anweisung begeben sich die Hundeführer nach einem letzten Hörzeichen 20 Schritte in die vom WL angegebene Richtung, halten an und drehen sich zu ihren Hunden um. Die Hunde bleiben 3 Minuten abgelegt. Wenn der HF seinen Hund verlässt, darf er das Hörzeichen „Bleib" gebrauchen. Beim Hund darf nichts zurückgelassen werden. Die Zeit beginnt, wenn der letzte HF seine Position eingenommen hat.

Auf Anweisung begeben sich die HF neben ihren Hund. Nacheinander, wieder auf Anwei-

sung werden die Hunde ins „Sitz" gerufen. Der WL beendet die Übung.

Anmerkung:

Die Hunde sollen ruhig und ohne sich vom Platz zu bewegen liegen bleiben. Ein Hund, der sich auf das Hörzeichen eines anderen hinlegt, bekommt Punktabzug. Setzt sich ein Hund oder steht auf, erhält er für diese Übung keine Punkte. Ein Hund, der mehr als einen Meter kriecht, bekommt keine Punkte. Nach dem letzten Hörzeichen „Bleib/Warte" darf kein zusätzliches Hörzeichen mehr gegeben werden. Läuft ein Hund weg, muss dieser schweigend mitgenommen werden.

Koeffizient : 2

Maximale Punktzahl: 20

Übung 3: Leinenführigkeit

Ausführung:

Der Hund muss, an der linken Seite des HF geführt, in einem gutem Tempo und aufmerksam, an loser Leine, unmittelbar neben dem HF, folgen (Schulter auf Kniehöhe) und zwar so, dass er diesen in keiner Weise bei seinen Bewegungen behindert.

Der OB LR gibt folgende Anweisungen:

A. Vorwärts   E. Linksumkehr
B. Rechts   F. Die Figur 8
C. Links   G. Halt
D. Rechtsumkehr   H. Laufschritt

Bei B. und C. muss die Richtungsänderung mit einem Winkel von 90 Grad ausgeführt werden. Bei E. kann ein kleiner Bogen nach links gemacht werden. Die unter F. genannte Figur ist eine 8-förmige Figur, wobei beide Kreise einen Durchmesser von 4 -5 Metern haben. Das Halt machen muss frei und plötzlich geschehen, der Hund muss sich hierbei unmittelbar aus eigener Bewegung setzen. Beim Vorwärts, nach einem

Haltmachen auf Anweisung des LR, darf ein Hörzeichen gegeben werden. Bei H. ist es erlaubt, beim Tempowechsel ein Hörzeichen zu geben.

Anmerkung:

Die Leine wird in der linken Hand getragen und muss durchhängen. Die Arme müssen während dem Schritt normal bewegt werden. Der linke Arm darf hierbei leicht gebogen sein, jedoch nicht in der direkten Nähe, vor oder fest gegen den Körper gehalten werden. Beim Anhalten muss der Hund gerade neben seinem HF sitzen.

Punktabzug kann erfolgen, wenn

- der Hund hinter und /oder weit folgt.
- der Hund schräg vor oder neben dem HF sitzt.
- zusätzliche Hörzeichen gegeben werden.

Koeffizient: 3

Maximale Punktzahl: 30

Übung 4: Freifolge

Ausführung:

Auf Anweisung wird der Hund durch seinen HF abgeleint. Die Leine wird über die linke Schulter getragen und an der rechten Seite geschlossen oder um den Hals getragen. Es wird fortgefahren wie in Übung 3 Leinenführigkeit.

Anmerkung:

Punktabzug kann erfolgen, wenn

- extra Hörzeichen gegeben werden.
- der Hund schräg vor oder neben dem HF sitzt.

Hunde, die während einem Großteil der Übung weit zurückbleiben, vordrängen oder seitlich abweichen, bekommen für diese Übung keine Punkte.

Koeffizient: 4

Maximale Punktzahl: 40

Übung 5: „Platz" aus der Bewegung

Ausführung:

Bei dieser Übung ist ein markiertes Quadrat 10 X 10 Metern zu umgehen. Der Hundeführer nimmt mit seinem Hund auf Anweisung die Grundstellung ein. Auf Anweisung geht der HF mit seinem Hund in die angegebene Richtung. Nach einem Richtungswechsel wird der Hund auf Anweisung mit einem Hörzeichen in die Position „Platz" gebracht, während der HF ohne seine Gangart zu unterbrechen oder sich umzudrehen, das Quadrat umläuft bis er wieder bei seinem Hund angelangt ist. Ohne anzuhalten wird der Hund mittels Hörzeichen bei Fuß mitgenommen. Nach einem weiteren Richtungswechsel wird die Übung auf Anweisung des WL in der Grundstellung beendet.

Anmerkung:

Der Hund muss innerhalb von 3 Körperlängen die Position „Platz" eingenommen haben, sonst erhält er nicht mehr als 8 Punkte. Wenn der Hund, nachdem er die verlangte Position eingenommen hat, diese wechselt (z. B. von der Position „Platz" in die Position „Sitz") kann er nicht mehr als 7 Punkte erhalten. Wenn der Hund die verlangte Position nicht einnimmt, erhält er keine Punkte. Punktabzug gibt es ebenfalls für eine unsaubere Freifolge.

Koeffizient : 3

Maximale Punktzahl : 30

Übung 6: Kommen auf Befehl

Ausführung:

Der Wettkampfleiter gibt dem HF die Anweisung, seinen Hund in einem Quadrat von 3 x 3 Meter, welches von 4 Pylonen gekennzeichnet wird, in der Mitte abzulegen. Die Leine wird ohne Knoten oder Schlaufen zu dem Hund gelegt. Auf Anweisung entfernt sich der HF ungefähr 20 Schritte in

Vorwärtsrichtung. Hier stellt sich der HF mit dem Gesicht zum Hund gekehrt auf. Auf Anweisung ruft der HF den Hund „Hier" oder „Komm". Der Hund muss das Hörzeichen sofort und ohne Zögern umsetzen und in einem schnellen Tempo, in gerader Linie kommen und sich direkt vor den HF hinsetzen, mit dem Kopf zum HF gewandt. Nach Anweisung gibt der HF das Hörzeichen zur Grundstellung.

Anmerkung:

Es darf keine Leine aus reflektierendem Material verwendet werden. Auch andere Gegenstände sind für diese Übung nicht zugelassen.

Es sind zwei zusätzliche Hörzeichen erlaubt.

Punktabzug kann erfolgen, wenn
- der Hund träge kommt.
- der Hund schräg vor oder neben dem HF sitzt.

Koeffizient: 3

Maximal Punktzahl: 30

Übung 7: Zurücksenden zum Platz

Ausführung:

Der Hund sitzt nach Übung 6 in Grundstellung. Auf Anweisung sendet der HF den Hund zurück zu der Leine. Der Hund muss dieses Hörzeichen direkt, auf dem kürzesten Weg, im Trab oder Galopp, unter Berücksichtigung der Rasse, umsetzen und zu der Leine zurückkehren und sich dort auf Kommando hinlegen, vorzugsweise dem HF zugewandt. Auf Anweisung begibt sich der HF zu dem Hund. Der HF lässt den Hund auf ein Zeichen sitzen. Der Hund wird nun angeleint.

Anmerkung:

Der Hund muss das Hörzeichen direkt befolgen. Zur Betonung des Hörzeichens ist eine kurze Armbewegung gestattet. Andere Körperbewegungen sind nicht erlaubt. Der Hund darf bei der Leine in die Position Steh gerufen werden. Anschließend oder sofort erhält er das Kommando Platz.

Punktabzug kann erfolgen, wenn
- sich der Hund mehr als 50 cm von der Leine entfernt hinlegt.
- der Hund träge zur Leine zurückkehrt-
- zusätzliche Hörzeichen gegeben werden müssen.

Liegt der Hund mehr als einen Meter von der Leine entfernt, bekommt man keine Punkte.

Koeffizient: 3

Maximal Punktzahl: 30

Übung 8: Freisprung über die Hürde

Ausführung:

Der HF befindet sich mit seinem Hund in angemessener Entfernung zur Hürde in der Grundstellung. Auf Anweisung springt der Hund frei hin und zurück. Je ein Hörzeichen und/oder Sichtzeichen für den Hin- und Rücksprung sind gestattet. Nach dem Rücksprung hat der Hund sich dicht vor den HF zu setzen. Danach wird der Hund auf Anweisung in die Grundstellung genommen. Die Hürde soll kompakt und die Sprunghöhe gleich der Schulterhöhe des Hundes, aufgerundet auf die nächsten 10 cm, sein. Die Breite beträgt zwischen 1 Meter und 1,50 Meter

Anmerkung:

Der Sprung muss in beide Richtungen ausgeführt werden. Ein leichtes Berühren der Hürde mindert die Punktzahl. Der Hund, der vorzeitig abspringt oder 2 Versuche braucht, kann keine Benotung über 7 Punkte erhalten. Der Hund, der den Hin- oder Rücksprung nach zwei Versuchen verweigert erhält keine Punkte.

Koeffizient : 3

Maximale Punktzahl :30

Übung 9: Apport auf ebener Erde
Ausführung:

Auf Anweisung legt der HF ein eigenes Bringholz oder ein Apportierdummy mindestens 10
Meter in eine durch den WL angegebene Richtung aus. Es ist erlaubt, vor dem Auslegen des
Holzes ein Wartehörzeichen zu geben.
Anschließend muss der Hund so lange neben
dem HF sitzen bleiben, bis dieser ihm, auf
Anweisung, das Hörzeichen zum Apportieren
gibt. Der Hund muss dem Hörzeichen flott,
aufgeweckt und auf dem kürzesten Weg folgen.
Es ist erlaubt, dass der Hund sich direkt an
dem Holz oder Dummy vorbei umdreht, bevor
er es aufnimmt.

Während des Apportierens darf der Hund
nicht auf dem Gegenstand kauen oder nachfassen. Der Hund soll auf dem kürzesten Weg zum
HF zurückkehren und sich direkt vor diesen
setzen. Der Hund muss den apportierten
Gegenstand festhalten, bis der HF, auf Anweisung, dem Hund das Hörzeichen zum Loslassen gibt. Danach gibt der HF auf Anweisung
das Hörzeichen zur Grundstellung.

Anmerkung:

Man sollte ein hölzernes Apportel oder
einen Kunststoff-Apportierklotz mit einem
Gewicht zwischen 175 g und 650 g benutzen.
Koeffizient : 4
Maximale Punktzahl : 40

Übung 10: Kontrolle auf Distanz
Ausführung:

Der Hund befindet sich in liegender Stellung
auf dem bezeichneten Platz. Auf Anweisung
verlässt der Hundeführer den Hund zu einer
angegebenen, ungefähr 15 m vom Hund entfernten Stelle. Der WL gibt dem Hundeführer
per Handzeichen an, wann der Hund die Stellung zum „Sitz" und anschließend wieder ins
„Platz" wechseln soll.

Anmerkung:

Vor dem Hund wird mit Hilfe einer imaginären Linie zwischen zwei Pylonen eine Greanze
gezogen. Dabei sollten besonders die Geschwindigkeit beachtet werden, mit welcher der Hund
die Stellung wechselt und in welchem Maße er
sich bewegt. Für eine Punktvergabe sollte der
Hund sich vom Ausgangspunkt nicht weiter
bewegen als einmal seine Körperlänge jeweils
in einer Richtung. Wenn der Hund eine Stellung
auslässt, sollten nicht mehr als 7 Punkte vergeben werden. Der Hund muss wenigstens einmal
seine Stellung wechseln, um Punkte zu erhalten.
Der WL sollte 3 Sek. zwischen jedem Wechsel
der Kommandozeichen warten. Die Kommandos des Hundeführers gesprochen und/oder
durch Handzeichen, sollten nicht übertrieben
sein. Setzt sich der Hund vor Rückkehr des Hundeführers auf, sollten nicht mehr als 8 Punkte
vergeben werden.
Koeffizient: 4
Maximale Punktzahl: 40

Übung 11: Umgang Mensch/Hund
Ausführung:

Es dient der Anregung, dass der Hund am Ende
einer Übung ruhig belohnt wird. An dem Verhalten des Hundeführers und des Hundes wird
beurteilt, ob zwischen beiden die gewünschte
Verständigung vorhanden ist. Am Ende der
Übung ist eine ruhige Belohnung erlaubt. Der
Hund soll das gesamte Programm fröhlich
erarbeiten.

Was dieses Reglement nicht vorsieht, ent-
scheidet der Leistungsrichter.
Koeffizient: 1
Maximale Punktzahl :10

Bestanden wird die Leistungsstufe Obedience 1 mit 192 Punkten.

Ab 256 Punkten darf in Obedience 2 gestartet werden.

OBEDIENCE-KLASSE 2

Mit Ausnahme der Übung 1 und 2 werden die Übungen individuell ausgeführt. Die Hunde sind ab Übung 3 abgeleint. Die Leine wird über der linken Schulter getragen und auf der rechten Seite verschlossen oder um den Hals getragen.

Übung 1: 2 Minuten Sitzen mit Sichtkontakt
Ausführung:
Die Hunde werden angeleint zu dieser Übung gebracht. Die Hundeführer nehmen mit ihren Hunden in einer Reihe mit ca. 3 Meter Abstand zueinander in der Grundstellung Aufstellung. Nachdem die Hunde abgeleint worden sind, begeben sich die Hundeführer 20 Schritte in die vom WL angegebene Richtung, in Sichtkontakt zum Hund. Nach 2 Minuten, auf Anweisung, kehren die HF neben ihre Hunde zurück in Grundstellung. Die Übung wird durch Anweisung beendet.

Anmerkung:
Nach dem letzten Hörzeichen „Bleib/Warten" darf kein extra Hörzeichen mehr gegeben werden. Wenn ein Hund wegläuft, wird er schweigend angeleint und mitgenommen. Steht ein Hund nach dem Hörzeichen „Sitz" auf oder legt sich hin oder entfernt er sich vom Platz, auch in der Rückkehrphase des HF zum Hund, erhält er für diese Übung keine Punkte.
Koeffizient: 2
Maximale Punkte: 20

Übung 2: 3 Minuten liegen ohne Sichtkontakt
Ausführung:
Direkt nach der Übung 1 wird die Übung 2 gezeigt. Diese Übung wird gleichzeitig durch mehrere Teilnehmer ausgeführt. Die Teams stehen in einer geraden Linie in Grundstellung, mit einem Zwischenraum von ca. 3 Meter. Auf Anweisung geben die HF nacheinander das Hörzeichen für die Platzposition. Der Hund muss ohne zu zögern das Hörzeichen umsetzen und sich gerade neben seinen HF legen. Auf Anweisung begeben sich die Hundeführer nach einem letzten Hörzeichen in die vom WL angegebene Richtung außer Sicht und Hörkontakt zum Hund. Beim Hund darf nichts zurückgelassen werden. Die Zeit beginnt, wenn der letzte HF außer Sicht ist. Auf Anweisung kehren die HF auf 20 Schritte Abstand zu ihren Hunden zurück. Auf Anweisung begeben sich die HF neben ihren Hund. Nacheinander, wieder auf Anweisung, werden die Hunde ins Sitz gerufen. Der WL beendet die Übung.

Anmerkung:
Nach ungefähr 1 Minute geht der LR direkt vor und/oder direkt hinter und zwischen den Hunden durch. Die Hunde sollen ruhig und ohne sich vom Platz zu bewegen liegen bleiben. Ein Hund, der sich auf das Hörzeichen eines anderen hinlegt, bekommt Punktabzug. Setzt sich ein Hund oder steht auf, erhält er für diese Übung keine Punkte. Ein Hund, der mehr als einen Meter kriecht, bekommt keine Punkte. Nach dem letzten Hörzeichen „Bleib/Warte", darf kein zusätzliches Hörzeichen mehr gegeben werden. Läuft ein Hund weg, muss dieser schweigend mitgenommen werden.
Koeffizient : 2
Maximale Punktzahl: 20

Übung 3: Freifolge

Ausführung:

Der Hund muss flott, aufmerksam und unmittelbar links neben dem Hundeführer folgen (Schulter auf Kniehöhe) und zwar so, dass er diesen in keiner Weise bei seinen Bewegungen behindert. Es wird in einem normal schnellen Schritt gelaufen und weiter auf Anweisung mindestens 25 Meter im Laufschritt und im langsamen Schritt. Der LR kann die folgenden Anweisungen geben:

A. Vorwärts   E. Linksumkehrt

B. Rechts   F. Halt

C. Links   G. Laufschritt

D. Rechtsumkehrt   H. Langsamer Schritt

I. Slalom

Bei B. und C. muss die Richtungsänderung 90 Grad betragen. Bei E. kann ein kleiner Bogen nach links gemacht werden. Das Halt bei F. muss frei und plötzlich geschehen, der Hund muss sich hierbei unmittelbar und aus eigener Bewegung setzen. Beim Vorwärts, nach einem Anhalten auf Anweisung, ist ein Hörzeichen zulässig. Für I. werden 6 Pylonen aufgestellt mit einem Abstand von 2,5 Metern zueinander, der Abstand zwischen Pylone und HF muss 1 Meter betragen. Anzahl Art und Folge der Anweisungen können vom WL variiert werden.

Anmerkung:

Bei G. und H. ist es erlaubt, beim Tempowechsel ein Hörzeichen zu geben. Hunde die überwiegend hinter oder weit folgen, bekommen für diese Übung keine Punkte.

Punktabzug kann erfolgen, wenn
- der Hund schräg vor oder neben dem HF sitzt.
- zusätzliche Hörzeichen gegeben werden.

Koeffizient : 4

Maximale Punktzahl 40

Übung 4: „Sitz" und „Platz" aus der Bewegung

Ausführung:

Bei dieser Übung ist ein markiertes Quadrat 10 X 10 Meter zu umgehen. Der Hundeführer nimmt mit seinem Hund auf Anweisung des LR die Grundstellung ein. Auf Anweisung geht der HF mit seinem Hund in die angegebene Richtung. Nach einem Richtungswechsel wird der Hund auf Anweisung mit einem Hörzeichen in die Position „Sitz" gebracht, während der HF, ohne seine Gangart zu unterbrechen oder sich umzudrehen, um das Quadrat herumläuft, bis er wieder bei seinem Hund angelangt ist. Ohne anzuhalten wird der Hund mittels eines Hörzeichens bei Fuß mitgenommen.

Nach einem weiteren Richtungswechsel wird der Hund auf Anweisung mit einem Hörzeichen in die Position „Platz" gebracht, während der HF, ohne seine Gangart zu unterbrechen oder sich umzudrehen, das Quadrat ein weiteres Mal umläuft, bis er wieder bei seinem Hund angelangt ist. Ohne anzuhalten wird der Hund mittels Hörzeichen bei Fuß mitgenommen. Nach einem weiteren Richtungswechsel wird die Übung auf Anweisung in der Grundstellung beendet.

Anmerkung:

Der Hund muss innerhalb von 3 Körperlängen die Position „Sitz" oder „Platz" eingenommen haben, sonst erhält er nicht mehr als 8 Punkte. Wenn der Hund, nachdem er eine der verlangten Positionen eingenommen hat, diese wechselt (z. B. von der Position „Sitz", in die Position „Platz") kann er nicht mehr als 7 Punkte erhalten. Wenn der Hund nicht mindestens eine der verlangten Positionen einnimmt, erhält er keine Punkte. Punktabzug gibt es ebenfalls für eine unsaubere Freifolge.

Koeffizient : 3

Maximale Punktzahl : 30

Übung 5: Kommen mit Platz

Ausführung:

Der Hund wird auf einen angegeben Platz abgelegt. Der Hundeführer läuft mindestens 25 Meter in eine durch den LR angegebene Richtung weg, ohne sich umzuschauen. Auf Anweisung dreht er sich dann um, mit dem Gesicht zum Hund. Auf Anweisung ruft der Hundeführer den Hund, der das gegebene Hörzeichen sofort und ohne zu zögern umsetzen soll. Auf ungefähr der Hälfte der Distanz gibt der HF auf Anweisung dem Hund das Hörzeichen zum Platz danach bekommt der Hund erneut das Hörzeichen zum Kommen.

Anmerkung:

Der Hund muss das Hör- oder Sichtzeichen direkt befolgen und mindestens im Trab kommen, seine Rasse berücksichtigend. Es sind jedoch 2 zusätzliche Hörzeichen erlaubt, träg kommen gibt Punktabzug. Ein Hund, der mehr als 3 x seine Körperlänge durchläuft, bekommt für diese Übung keine Punkte. Schräg vor oder daneben sitzen gibt Punktabzug.

Koeffizient : 4

Maximale Punktzahl: 40

Übung 6: Voraussenden in ein Viereck mit Hinlegen

Ausführung:

Aus der Grundstellung schickt der HF auf Anweisung den Hund zum Viereck (Entfernung 20 Schritte). Dieses ist gekennzeichnet durch 4 Pylonen und hat die Größe 3 x 3 Meter. Eine kurze Armbewegung als Nachdruck ist gestattet. Wenn der Hund in dem Feld angekommen ist, darf der HF selbstständig den Hund ins „Platz" rufen. Ein Hörzeichen hat der Hund sofort umzusetzen, mit der Front dem Hundeführer zugewandt. Auf Anweisung begibt sich der HF zu dem Hund. Der HF lässt den Hund auf ein Zeichen sitzen.

Anmerkung:

Das Feld von 3 x 3 Metern wird durch 4 Pylonen angegeben. Nach dem ersten Hörzeichen sind noch 5 zusätzliche Hörzeichen erlaubt.

Vor dem Kommando „Platz" im Viereck darf der Hund zuerst ins „Steh" gerufen werden. Pro Hörzeichen gibt es Punktabzug, Zurückrufen wird als extra Hörzeichen verzeichnet. Aufs Neue Ansetzen gibt Punktabzug. Außer einer kurzen Armbewegung sind andere Körperbewegungen nicht erlaubt. Ein Hund, der nach dem Hörzeichen „Platz" außerhalb des Feldes liegt, bekommt für diese Übung keine Punkte (Tischprinzip).

Koeffizient: 3

Maximale Punktzahl :30

Übung 7: Apport über die Hürde

Ausführung:

Auf Anweisung wirft der HF sein eigenes Apportierholz oder Dummy über das Hindernis. Es ist erlaubt, für das Werfen des Holzes ein Wartekommando zu geben. Der Hund befindet sich in Grundstellung, bis der HF ihm auf Anweisung das Hörzeichen gibt, die Hürde zu überspringen. Der Hund muss dieses flott und aufgeweckt befolgen. Es ist erlaubt, dass der Hund sich direkt am Holz oder Dummy umdreht, bevor er den Gegenstand aufnimmt. Während des Apportierens darf der Hund nicht auf dem Gegenstand kauen oder ihn nachfassen. Der Hund muss mit dem Gegenstand zurück über die Hürde springen, um zu dem HF zurückzukehren und sich direkt vor diesen setzen. Der Hund muss den apportierten Gegenstand festhalten, bis der Hundeführer diesen, auf Anweisung, festhält und dem Hund das Hörzeichen zum Loslassen gibt. Danach gibt der HF das Hörzeichen zur Grundstellung.

Anmerkung:

Das Hörzeichen „Apport" muss gegeben werden, bevor der Hund über dem Hindernis ist. Gibt man das Hörzeichen nach dem Hindernis, dann werden 2 Punkte abgezogen. Ein Hund, der neben dem Hindernis herläuft, sowohl hin und/oder zurück, bekommt für diese Übung keine Punkte. Neu ansetzen ist nicht erlaubt.

Punktabzug erfolgt

- bei zusätzlichen Hörzeichen.
- wenn der Hund der schräg vor oder neben dem HF sitzt.
- wenn der Hund auf dem Gegenstand kaut.
- wenn der Hund den Gegenstand fallen lässt.
- wenn der HF den Gegenstand, ohne Anweisung, vom Hund abnimmt oder anfasst.

Die Hürde soll kompakt und die Sprunghöhe gleich der Schulterhöhe des Hundes, aufgerundet auf die nächsten 10 cm, sein. Die Breite beträgt zwischen 1 Meter und 1,50 Meter

Man sollte ein hölzernes oder einen Kunststoff Apportierklotz mit einem Gewicht zwischen 175 g und 650 g benutzen.

Koeffizient: 3

Höchstpunktzahl: 30

Übung 8: Metallapport auf ebener Erde

Ausführung:

Auf Anweisung legt der Hundeführer seinen eigenen Apportierblock aus Metall mindestens 10 Meter in eine angegebene Richtung aus. Es ist erlaubt, vor dem Auslegen ein Wartehörzeichen zu geben. Anschließend muss der Hund so lange neben dem HF sitzen bleiben, bis dieser ihm, auf Anweisung, das Hörzeichen zum Apportieren

gibt. Der Hund muss nun flott und aufgeweckt, auf direktem Weg, gehorchen. Es ist erlaubt, dass der Hund sich direkt am Gegenstand vorbei umdreht, bevor er es aufnimmt. Während des Apportierens darf der Hund nicht auf dem Gegenstand kauen oder ihn nachfassen. Der Hund muss direkt zum HF zurückkehren und sich eng vor den HF setzen. Der Hund muss den apportierten Gegenstand festhalten, bis der HF diesen auf Anweisung festhält und dem Hund das Hörzeichen zum Loslassen gibt. Danach gibt der HF das Hörzeichen zur Grundstellung.

Anmerkung:

Punktabzug kann erfolgen, wenn

- der Hund schräg vor oder neben dem HF sitzt.
- der Hund auf dem Gegenstand kaut und/oder nachfasst.
- ein Hund den Gegenstand fallen lässt.
- der HF den Gegenstand ohne Anweisung annimmt oder anfasst.

Der Gebrauch einer metallenen Röhre mit einer Erhöhung an den Seiten ist Pflicht. Der Metallgegenstand ist vom Hundeführer mitzubringen und sollte das Gewicht zwischen 175 g und 650 g aufweisen.

Koeffizient.: 2

Höchstpunktzahl: 20

Übung 9: Geruchsunterscheidung aus max. 6 Gegenständen

Ausführung:

Vor Beginn der Übung 3 bzw., wenn der Wettbewerb unterteilt ist, bei Beginn des zweiten Teils erhält jeder Hundeführer einen Gegenstand aus Holz zum Apportieren (8-10 cm x 2-3cm), der mit der Startnummer des jeweiligen Teams gekennzeichnet ist.

Bei Beginn der Übung wird der Gegenstand dem WL übergeben. Der Hundeführer wird gebeten sich umzudrehen und der WL legt dann den Gegenstand des Hundeführers – ohne ihn zu berühren – mit höchstens 5 gleichartigen neutralen Gegenständen kreisförmig in den Positionen 11, 12 oder 1 Uhr oder in einer Reihe ungefähr 10 m vom Hundeführer entfernt aus. Der Abstand der Hölzer zueinander beträgt ca. 25 cm. Auf Anweisung gibt der Hundeführer dem Hund das Kommando zum Apportieren (des Gegenstandes des Hundeführers). Der Hund sollte den Gegenstand des Hundeführers finden und ihm denselben bringen.

Anmerkung:

Der Hund darf den Holzgegenstand weder berühren noch daran schnuppern, bevor dieser dem Steward übergeben wird. Sollte dies doch vorkommen, ist die Übung ungültig. Besonders zu beachten sind die Arbeitswilligkeit des Hundes und seine Schnelligkeit. Wenn der Hund vor Erteilen des Kommandos losläuft, an dem Gegenstand kaut oder ihn fallen lässt, bevor er dazu aufgefordert wurde, sollten höchstens 7 Punkte vergeben werden. Nimmt der Hund einen falschen Gegenstand auf, ist die Übung ungültig. Pro Team sollten 6 neue Gegenstände vorhanden sein. Dem Hund stehen für diese Übung nicht mehr als drei Minuten zur Verfügung.

Koeffizient: 4

Höchstpunktzahl: 40

Übung 10: Kontrolle auf Distanz

Ausführung:

Der Hund befindet sich in liegender Stellung auf dem bezeichneten Platz. Auf Anweisung verlässt der Hundeführer den Hund zu einer angegebenen, ungefähr 15 m vom Hund entfernten Stelle. Der WL gibt dem Hundeführer per Handzei-chen an, wann der Hund die Stellung zum „Sitz", „Steh" und wieder „Platz" wechseln soll. Der Hund sollte dreimal die Stellung wechseln.

Anmerkung

Vor dem Hund wird mit Hilfe einer imaginären Linie zwischen zwei Pylonen eine Grenze gezogen. Dabei sollten besonders die Geschwindigkeit beachtet werden, mit welcher der Hund die Stellung wechselt und in welchem Maße er sich bewegt. Für eine Punktvergabe sollte der Hund sich vom Ausgangspunkt nicht weiter bewegen als einmal seine Körperlänge jeweils in einer Richtung. Wenn der Hund eine Stellung von 3 auslässt, sollten nicht mehr als 7 Punkte vergeben werden. Der Hund muss wenigstens zweimal seine Stellung wechseln, um Punkte zu erhalten. Der WL sollte 3 Sek. zwischen jedem Wechsel der Kommandozeichen warten. Die Kommandos des Hundeführers gesprochen und/oder durch Handzeichen, sollten nicht übertrieben sein. Setzt sich der Hund vor Rük-kkehr des Hundeführers auf, sollten nicht mehr als 8 Punkte vergeben werden.

Koeffizient: 4

Höchstpunktzahl: 40

Übung 11: Umgang Mensch - Hund

Ausführung:

Diese Übung dient der Anregung, dass der Hund am Ende einer Übung ruhig belohnt wird. An dem Verhalten des HF und des Hundes wir beurteilt, ob zwischen beiden die gewünschte Verständigung vorhanden ist. Der Hund soll das gesamte Programm fröhlich erarbeiten.

Anmerkung:

Was dieses Regelwerk nicht vorsieht, entscheidet der OB LR.

Koeffizient: 1

Maximale Punktzahl: 10

Bestanden wird die Leistungsstufe Obedience 2 mit 192 Punkten.

Ab 256 Punkten darf in Obedience 3 gestartet werden.

OBEDIENCE - KLASSE 3

Das Programm der Int. Obedience-Klasse und der Obedience-Klasse 3 sowie die Beurteilungen dazu sind identisch.

Internationale Obedience-Klasse

1. Übung: 2 Minuten Sitzen in der Gruppe

Ausführung:

Die Hunde sitzen in der Reihe im Abstand von ungefähr 3 m voneinander. Die Hundeführer ziehen sich auf eine Stelle außerhalb der Sicht der Hunde zurück.

Richtlinien:

Ein Hund, der aufsteht, sich hinlegt oder weiter als seine eigene Körperlänge kriecht, erhält die Benotung 0. Eine Bewegung sollte die Punktzahl deutlich verringern. Wenn der Hund ein- bis zweimal bellt, werden 1-2 Punkte abgezogen; bellt er fortwährend, ist die Übung ungültig (0 Punkte). Hält der Hund nicht still, z. B. wenn er sein Gewicht von einem Fuß auf den anderen verlagert, werden 1-2 Punkte abgezogen. Der Hund darf den Kopf drehen, wenn eine Ablenkung oder ein Geräusch außerhalb des Ringes auftritt. Legt der Hund sich nach der 2-minütigen Frist hin oder steht er auf, wenn der Hundeführer zurückkommt, kann ihm eine Höchstpunktzahl von 5 Punkten zuerkannt werden.

Koeffizient: 3

Höchstpunktzahl: 30

2. Übung: 4 Minuten Hinlegen in der Gruppe mit Zerstreuungen

Ausführung:

Die Hunde liegen in der Reihe im Abstand von ungefähr 3 m von einander. Die Hundeführer ziehen sich auf eine Stelle außerhalb der Sicht der Hunde zurück. Die Hunde sollen 4 Minuten lang liegen bleiben, während sie Ablenkungen ausgesetzt sind, z. B. indem eine Person in Schlangenlinie zwischen ihnen hindurchgeht. Nach Ablauf der 4 Minuten, wenn die Hundeführer gebeten werden sich zu ihren Hunden zu begeben, halten die Hundeführer ungefähr 3 m hinter den Hunden an. Sie erhalten Anweisung die Hunde bei Fuß zu rufen.

Richtlinien:

Es sollten sich wenigstens 3 Hunde in der Gruppe befinden. Ein Hund, der sich erhebt, sich setzt, während die Hundeführer außer Sicht sind, oder über eine Strecke kriecht, die länger ist als sein eigener Körper, hat die Übung nicht bestanden (0 Punkte). Bellen und Bewegen werden wie in Übung 1 benotet. Setzt sich der Hund nach der 4-minütigen Frist, wenn der Hundeführer zurückkommt, kann ihm eine Höchstpunktzahl von 5 Punkten zuerkannt werden. Erhebt sich ein Hund oder nähert sich dem nächsten Hund, sodass ein Streit zu befürchten ist, wird die Übung abgebrochen und mit allen Hunden mit Ausnahme des Hundes, der die Störung verursachte, wieder aufgenommen.

Koeffizient: 2

Höchstpunktzahl: 20

3. Übung: Frei bei Fuß

Ausführung:

Die Arbeit bei Fuß wird unter wechselnden Gangarten in Verbindung mit Richtungsanweisungen, Drehungen und Kehrtwendungen geprüft. Der nicht angeleinte Hund sollte von selbst seinem Führer folgen, indem er sich links vom Hundeführer hält, mit dem Kopf oder der Schulter auf Kniehöhe des Hundeführers. Wenn der Hundeführer stehen bleibt, muss der Hund sofort, ohne Kommando, die Stellung bei Fuß einnehmen. Der Führer sollte während dieser Übung die Arme in natürlicher Weise bewegen.

Das Gangschema muss wenigstens zwei Stopps bei normaler und langsamer Gangart enthalten, zwei Kehrtwendungen bei normaler Gangart, eine Kehrtwendung bei langsamer Gangart und im Laufschritt zwei Drehungen nach links und zwei Drehungen nach rechts bei jeder der Gangarten sowie zwei/drei Schritte aus dem Stand in unterschiedliche Richtungen.

Alle Hunde arbeiten nach dem gleichen Schema „bei Fuß" in einer jeweiligen Prüfung oder einem Wettbewerb.

Richtlinien:

Wenn ein Hund während des Großteils der Übung seinen Führer verlässt oder dem Führer in einer Entfernung von mehr als einem halben Meter folgt, ist die Übung ungültig. Wenn sich der Hund langsam bewegt, sollten nur 6-7 Punkte zuerkannt werden. Kontaktverlust und zusätzliche Kommandos sind Fehler. Schlechtes Einhalten der Stellung bei Fuß sollte die Punktzahl auf ungefähr 2 verringern. Macht der Hundeführer eine Kehrtwendung nach links („German turnabout"), darf der Hund rechts jedoch sehr eng, um den Hundeführer herumgehen.

Koeffizient: 3

Höchstpunktzahl: 30

4. Übung: Stehen. Sitzen und Liegen aus dem Schritt

Ausführung:

Die Übung wird aus dem Schritt ausgeführt, und zwar in einem Quadrat von 10 x 10 m mit dem Hund an der Innenseite (Drehung nach links). Der Hund sollte auf Kommando rasch in stehender, sitzender oder liegender Stellung anhalten.

Richtlinien:

Wenn der Hund in einer falschen Stellung anhält (z. B. „Sitz" satt „Platz") können höchstens 7 Punkte zuerkannt werden. Um Punkte von einer gegebenen Stellung zu erzielen, muss der Hund auf das Kommando hören, bevor der Hundeführer die nächste Ecke des Quadrats passiert hat, und mindestens zwei Stellungen müssen eingenommen werden. Bei der Benotung sollte auch auf die Arbeit „bei Fuß" geachtet werden. Langsames Bewegen und schlechte Arbeit „bei Fuß" sind Fehler. Der Hundeführer sollte den Ecken des Rechtecks folgen und nicht im Kreis gehen.

Koeffizient: 3

Höchstpunktzahl: 30

5. Übung: Heranrufen mit Stehen und Hinlegen

Ausführung:

Der Hund wird in die Stellung „Platz" gebracht und der Hundeführer entfernt sich auf ungefähr 25 m in die angegebene Richtung. Auf Anweisung ruft der Hundeführer den Hund zu sich. Wenn der Hund ungefähr ein Drittel der Entfernung zurückgelegt hat, erhält er das Kommando „Halt". Auf Anweisung ruft der Hundeführer den Hund erneut zu sich und wenn dieser ungefähr zwei Drittel der Entfernung zurückgelegt hat, erhält er das Kommando zum Hinlegen. Auf

Anweisung ruft der Hundeführer anschließend seinen Hund in Stellung „bei Fuß".

Richtlinien:

Es ist wichtig, dass der Hund die Kommandos zum Heranrufen willig befolgt. Bei mehr als drei Kommandos zum Heranrufen beträgt die Höchstpunktzahl 6. Wenn die Kommandos „Halt" oder „Platz" gegeben wurden, sollte sich der Hund nicht weiter als das Dreifache seiner Körperlänge vorwärts bewegen. Langsames Bewegen ist ein Fehler. Der Hund sollte sich in schneller Gangart, wenigstens im Lauf, bewegen. Lässt der Hund eine Stellung aus, sollten nicht mehr als 7 Punkte vergeben werden. Wenn weder „Halt" noch „Platz" ausgeführt wurden bzw. wenn ein gegensätzliches Kommando ausgeführt wird, muss eine 0 erteilt werden.

Koeffizient: 4

Höchstpunktzahl: 40

6. Übung: Wegschicken mit Richtungsanweisungen, „Platz" und Heranrufen

Ausführung:

Der Hund wird zu einem Kegel in einer Entfernung von ungefähr 10 m vom Ausgangspunkt geschickt. In Nähe des Kegels wird dem Hund das Kommando „Halt" gegeben. und er sollte diese Stellung im Umkreis von 2 m Radius vom Kegel einnehmen. Nach ungefähr 3 Sek. erhält der Führer die Anweisung, seinen Hund zu einem etwa 25 m vom Ausgangspunkt entfernten Bereich von 3 x 3 m zu dirigieren, dessen Ecken jeweils mit einem solchen Kegel markiert sind. Sobald der Hund des Quadrat erreicht hat, erhält er das Kommando „Platz". Auf Anweisung begibt sich der Führer zum Hund. In einer Entfernung von ungefähr 2 m vom Hund wird dem Hundeführer die Anweisung zur Kehrtwendung gegeben. Nach unge-

fähr 10 m erneute Kehrtwendung und Rükkkehr zum Ausgangspunkt. Nach ungefähr 10 m erhält er wiederum die Anweisung, im Weitergehen den Hund zu sich her zu rufen.

Richtlinien:

Um 10 Punkte zu erreichen, darf der Hundeführer während der Übung nicht mehr als 6 Kommandos verwenden. Danach gilt der Grundsatz, dass für jedes zusätzliche vom Hund befolgte Kommando 1 Punkt und für jedes nicht befolgte Kommando 2 Punkte abgezogen werden. Wenn sich der Hundeführer beim Erteilen der Kommandos vorwärts bewegt, ist die Übung ungültig (0 Punkte). Bewegt sich der Hundeführer übermäßig (Körpersprache), sollten nicht mehr als 8 Punkte vergeben werden. Der Hund sollte sich mit seinen vier Pfoten innerhalb des Kreises befinden, bevor dem Hundeführer Anweisung gegeben wird, ihn zum Quadrat zu dirigieren. Einem Hund, der sich beim ersten Kegel hinsetzt oder hinlegt, sollten nicht mehr als 8 Punkte zuerkannt werden. Wenn sich der Hund außerhalb des Umkreises von 2 m Radius um den Kegel oder außerhalb des Quadrats hinlegt, ist die Übung ungültig. Für eine Punktvergabe muss sich der ganze Hundekörper innerhalb des Quadrats befinden Jedoch sollte man einen Hund, von dem ein sehr kleiner Teil seines Körpers (z. B. 1 cm der Nase oder des Schwanzes) sich außerhalb des Quadrats befindet, nicht strafen. Der Hund darf die liegende Stellung nicht vor dem Heranrufen aufgeben.

Bewegt sich der Hund äußerst langsam, sollten nur um die 6 Punkte vergeben werden.

Der Winkel zwischen dem ersten Kegel und dem Viereck sollte 90° betragen

Koeffizient: 4

Höchstpunktzahl: 40

7. Übung: Apportieren mit Richtungs-anweisungen

Ausführung:

Drei Holzhanteln werden derart in einer Reihe platziert, dass sie leicht sichtbar mit ungefähr 5 m Abstand dazwischen abgelegt sind. Der Führer und der Hund befinden sich ungefähr 20 m von der mittleren Hantel entfernt. Der Hund wird zu einem Kegel in ungefähr 10 m Abstand vom Ausgangspunkt geschickt. Dem Hund wird beim Kegel das Kommando „Halt" gegeben, und er sollte nicht mehr als 2 m davon entfernt stehen bleiben. Nach ungefähr 3 Sek. erhält der Hundeführer die Anweisung, den Hund zur ausgelosten Hantel (links bzw. rechts) zu dirigieren, die er apportieren und Korrekt übergeben muss.

Richtlinien:

Der Steward platziert die drei Hanteln, nachdem durch Los entschieden wurde, welche apportiert werden muss. Die ausgeloste Hantel – links oder rechts – wird immer als Erste platziert. Während dieses Vorgangs halten sich der Führer und sein Hund gegenüber der mittleren Hantel auf.

ANMERKUNG: Die mittlere Hantel darf NIEMALS ausgelost werden!

Wenn der Hund losläuft, bevor das Kommando gegeben wurde, erhält er höchstens 7 Punkte. Für eine Punktvergabe bei dieser Übung muss sich der Hund beim Kegel mit dem ganzen Körper innerhalb des Umkreises mit einem Radius von 2 m befinden. Einem Hund, der sich beim Kegel hinsetzt oder hinlegt, sollten höchstens 8 Punkte zuerkannt werden. Zum Erreichen von 10 Punkten ist ein zusätzliches Kommando zur Richtungsweisung des Hundes statthaft.

Das bereitwillige Befolgen der Richtungsanweisungen durch den Hund sowie seine Schnelligkeit sollten besonders berücksichtigt werden. Nimmt der Hund eine falsche Hantel auf ist die Übung ungültig (0 Punkte).

Kauen verringert die Punktzahl auf 7 Punkte, lang anhaltendes Kauen kann dazu führen, dass die Übung ungültig ist. Lässt der Hund die Hantel fallen, statt sie dem Hundeführer in die Hand zu übergeben, sollten nicht mehr als 7 Punkte vergeben werden

Die Hantelgröße sollte der Größe des Hundes entsprechen.

Koeffizient: 3

Höchstpunktzahl: 30

8. Übung: Apportieren eines Gegenstandes aus Metall mit Sprung über eine Hürde

Ausführung:

Der Führer stellt sich mit dem Hund bei Fuß in einem Abstand von ungefähr 3 m gegenüber der Hürde auf. Der Führer wirft eine Hantel aus Metall über die Hürde. Auf Anweisung befiehlt der Hundeführer dem Hund, über die Hürde zu springen und die Hantel zu apportieren.

Richtlinien:

Das Kommando zum Apportieren sollte erst gegeben werden, wenn der Hund sprungbereit ist. Die Hürde sollte 1 m breit und vollflächig sein. Sie sollte die Schulterhöhe des Hundes, aufgerundet auf die nächsten 10 cm, nicht überschreiten und höchstens 1 m hoch sein. Wenn der Hund beim Wurf der Hantel, noch vor ihrem Auftreffen, losläuft, erhält er 0 Punkte. Wenn der Hund beim Sprung auch nur leicht die Hürde berührt, sollten nicht mehr als 8 Punkte vergeben werden. Das empfohlene Hantelgewicht liegt zwischen ca. 175 g für kleine Hunde und 650 g für große Hunde.

Koeffizient: 3

Höchstpunktzahl: 30

9. Übung: Geruchsinn und Apportieren

Ausführung:

Vor Beginn der Übung 3 bzw., wenn der Wettbewerb unterteilt ist, bei Beginn des zweiten Teils erhält jeder Hundeführer einen Gegenstand aus Holz zum Apportieren (8-10 cm x 2 cm), der mit der Startnummer des jeweiligen. Teams gekennzeichnet ist.

Bei Beginn der Übung wird der Gegenastand dem Steward übergeben. Der Hundeführer wird gebeten sich umzudrehen und der Steward legt dann den Gegenstand des Hundeführers – ohne ihn zu berühren – mit 5 gleichartigen Gegenständen kreisförmig in den Positionen 11, 12 oder 1 Uhr oder in einer Reihe ungefähr 10 m vom Hundeführer entfernt aus. Auf Anweisung gibt der Hundeführer dem Hund des Kommando zum Apportieren (des Gegenstandes des Hundeführers). Der Hund sollte den Gegenstand des Hundeführers finden und ihm denselben bringen.

Richtlinien:

Der Hund darf den Holzgegenstand weder berühren noch daran schnuppern, bevor dieser dem Steward übergeben wird. Sollte dies doch vorkommen, ist die Übung ungültig. Besonders zu beachten sind die Arbeitswilligkeit des Hundes und seine Schnelligkeit. Wenn der Hund vor Erteilen des Kommandos losläuft, an dem Gegenstand kaut oder ihn fallen lässt, bevor er dazu aufgefordert wurde, sollten höchstens 7 Punkte vergeben werden. Nimmt der Hund einen falschen Gegenstand auf, ist die Übung ungültig. Pro Team sollten 6 neue Gegenstände vorhanden sein. Dem Hund steht für diese Übung nicht mehr als eine Minute zur Verfügung.

Koeffizient: 3

Höchstpunktzahl: 30

10. Übung: Kontrolle auf Distanz

Ausführung:

Der Hund befindet sich in liegender Stellung auf dem bezeichneten Platz. Auf Anweisung verlässt der Hundeführer den Hund zu einer angegebenen, ungefähr 15 m vom Hund entfernten Stelle.

Der Steward gibt dem Hundeführer per Handzeichen an, in welcher Reihenfolge der Hund die Stellung wechseln soll. Der Hund sollte sechsmal die Stellung wechseln. Letzte Stellung sollte „Platz" sein.

Richtlinien:

Vor dem Hund wird mit Hilfe einer imaginären Linie zwischen zwei Pfählen eine Grenze gezogen. Dabei sollten besonders die Geschwindigkeit beachtet werden, mit welcher der Hund die Stellung wechselt und in welchem Maße er sich bewegt. Für eine Punktvergabe sollte der Hund sich vom Ausgangspunkt nicht weiter bewegen als ein Mal seine Körperlänge jeweils in einer Richtung. Wenn der Hund eine Stellung von 6 auslässt, sollten nicht mehr als 7 Punkte vergeben werden. Der Hund muss wenigstens fünfmal seine Stellung wechseln, um Punkte zu erhalten. Der Steward sollte 3 Sek. zwischen jedem Wechsel der Kommandozeichen warten. Die Kommandos des Hundeführers gesprochen oder durch Handzeichen, sollten nicht übertrieben sein. Setzt sich der Hund vor Rückkehr des Hundeführers auf, sollten nicht mehr als 8 Punkte vergeben werden.

Koeffizient: 4

Höchstpunktzahl: 40

Diese Bestimmungen wurden vom Generalkomitee der FCI in Brüssel im November 1999 genehmigt.

Sie traten ab 1. Januar 2001 in Kraft.

Neue Koeffizienten und Reihenfolge der Übungen. Nach Abänderung der Bestimmungen

		Koeffizient	Max
1.	Übung: Sitzen in der Gruppe	3	30
2.	Übung: Hinlegen in der Gruppe	2	20
3.	Frei bei Fuß	3	30
4.	Stehen, Sitzen und Liegen	3	30
5	Heranrufen m. Stehen + Hinlegen	4	40
6.	Wegschicken m Richtungsanweisung	4	40
7.	Apportieren m Richtungsanweisung	3	30
8.	Apportieren aus Metall mit Sprung	3	30
9.	Geruchsinn und Apportieren	3	30
10.	Kontrolle auf Distanz	4	40
	Koeffizient/Maximum	32	320

LITERATURHINWEISE

Lindenberg, Anne:
Bach-Blütentherapie für Haustiere,
ECON Taschenbuch Verlag,
Düsseldorf, 1988

Pryor, Karen:
Positiv bestärken, sanft erziehen.
Kosmos-Verlag, Stuttgart 1999

Rugaas, Turid:
Calming Signals
Die Beschwichtigungssignale der Hunde
Animal Learn Verlag, Grassau, 2001

Sidman, Murray:
Coercion And Its Fallout,
Authors Cooperative, Boston/Mass.,
USA, 1989

White, Angela:
Happy Dogs, Happy Winners,
Rainbow Publishing, England

ADRESSEN

• Verband für
das Deutsche Hundewesen (VDH) e. V.,
Westfalendamm 174, 44131 Dortmund

• Deutscher Verband
der Gebrauchshundesportvereine (DVG),
Gustav-Sybrecht-Str. 42, 44536 Lünen

• Interessengemeinschaft Obedience
c/o Birgit Funk
Kirchfeldweg 20
41472 Neuss
Telefon: (0 21 31) 98 36 83
Telefax: (0 21 31) 98 36 86
E-Mail: Funk-GbR-Neuss@T-Online.de
www.ig-obedience.de

• im Internet: www.laserdogs.de

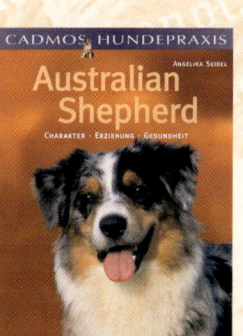
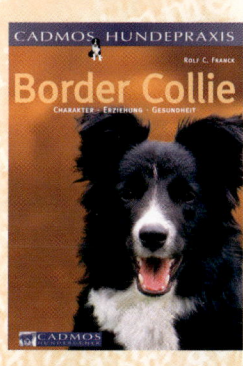

Bücher –
rund um den
Hund ...

... von Cadmos

MENSCH UND HUND
SEITE AN SEITE

Dr. Hellmuth Wachtel beleuchtet die
Entwicklung des Hundes und der
Hund-Mensch-Beziehung umfassend
in allen Aspekten und macht daraus
eine fesselnde Lektüre.
Noch niemals zuvor und nirgendwo
sonst kann man so viel über Hund &
Mensch erfahren. Sein Buch ist
Kynologie vom Feinsten und
spannend bis zur letzten Seite.

320 Seiten, gebunden
€ 29,90, € (A) 30,60 · SFR 53,-
ISBN 3-86127-772-7

Verena S. Rottmann
TRAINING ZUM
HUNDEFÜHRERSCHEIN
Alles, was Sie wissen müssen –
alles was Ihr Hund können muss
80 Seiten, broschiert, durchgehend farbig
€ 10,- · € (A) 10,30 · SFR 18,40
ISBN 3-86127-724-7

Manuela Nassek
HUNDETRAINING MIT SPASS
Tipps für Erziehung, Sport und Spiel

96 Seiten, broschiert,
farbige Abbildungen
ISBN 3-86127-713-1

€ 10,00 · € (A) 10,30 · SFR 18,40

Gudrun Beckmann
DER FAMILIENHUND
Die Erziehung zum Familienhund

96 Seiten, broschiert,
farbige Abbildungen
ISBN 3-86127-708-5

€ 10,00 · € (A) 10,30 · SFR 18,40

C. Fischer/B. Schönfelder
WENN KIND UND HUND ...
Was Eltern wissen sollten –
was Kinder wissen müssen

96 Seiten, broschiert, farbige Abbildungen
ISBN 3-86127-721-2

€ 10,00 · € (A) 10,30 · SFR 18,40

CADMOS
HUNDEBÜCHER

Die Bücher sind erhältlich bei: Cadmos Verlag GmbH · Lüner Rennbahn 14 · 21339 Lüneburg
Tel. 0 41 31-98 35 150 · Fax 0 41 31-98 35 155
Besuchen Sie uns im Internet: **www.cadmos-hundepraxis.de**
e-mail: hunde@cadmos.de